青少年趣味编程

（适用于中学阶段）

达内童程童美教研部　编著

電子工業出版社
Publishing House of Electronics Industry
北京・BEIJING

图书在版编目（CIP）数据

青少年趣味编程：适用于中学阶段：全 4 册 / 达内童程童美教研部编著 .— 北京：电子工业出版社，2017.9
ISBN 978-7-121-32474-1

Ⅰ. ①青 … Ⅱ. ①达 … Ⅲ. ①程序设计－中学－教学参考资料 Ⅳ. ① G634.673

中国版本图书馆 CIP 数据核字（2017）第 195093 号

策划编辑：蔡　葵
责任编辑：裴　杰
印　　刷：北京天宇星印刷厂
装　　订：北京天宇星印刷厂
出版发行：电子工业出版社
　　　　　北京市海淀区万寿路 173 信箱　邮编：100036
开　　本：787×1 092　1/16　印张：37　字数：923 千字
版　　次：2017 年 9 月第 1 版
印　　次：2017 年 9 月第 1 次印刷
定　　价：158.00 元（全 4 册）

凡所购买电子工业出版社图书有缺损问题，请向购买书店调换。若书店售缺，请与本社发行部联系，联系及邮购电话：（010）88254888，88258888。

质量投诉请发邮件至 zlts@phei.com.cn，盗版侵权举报请发邮件至 dbqq@phei.com.cn。

本书咨询联系方式：（010）88254595，xdhx@phei.com.cn。

序　言

在信息时代和人工智能时代，编程将成为一个人适应外部世界的基本的技能，世界各国都在推动编程教育，美国总统奥巴马亲自推动“编程一小时”活动，并呼吁美国小朋友“别总在手机上玩，要去编程”。微软总裁萨提亚说：“计算机科学可以打开这个世界上最好的机会”。编程教育越来越受到人们的重视，那么，为什么“编程教育的普及要从娃娃做起”呢？

第一、孩子非常善于吸收新知识、掌握新技术，让他们早早接触代码就会早日发现孩子在编程和设计方面的天赋。比尔盖茨、扎克伯格、乔布斯，他们都是从小学就开始编写程序了，从小就开始编程思想的培养和编程技术的积累，为他们后来成就大事业奠定了坚实基础。

第二、爱玩是每个孩子的天性。电子游戏也是软件，而且是具备很强逻辑性的软件。爱玩游戏的孩子通常也会是编程的高手，与其控制孩子玩游戏，不如鼓励孩子编游戏，他们将从玩游戏寻找快乐转化为编写游戏来寻找快乐。编程是实现寓教于乐的最好课程。

第三、所谓的编程就是将人类的想法按照一定的编码规则，变成计算机可以识别的代码和语言，让计算机帮助人们实现数学运算、事物处理和信息查询等。计算机程序通常具备很强的逻辑性，完成一个程序就是在完成一个项目、一个任务。因此，编程可以锻炼孩子的逻辑思维能力和创新能力，同时又可以锻炼其建立、完成和管理项目的能力。此外，编程教育更注重学习过程、注重知识与生活的联系，能够培养和提高孩子发现问题、分析问题、解决问题的综合能力。

韩少云

前言

2016 年 3 月，AlphaGo 计算机程序轻取围棋九段棋手李世石，立刻引发全世界的讨论。这一里程碑事件向世界证明，机器可以像人类一样思考，甚至比人类做得更好。乐观人士相信人工智能技术的突破将极大推动生产力的提高。但同时也激发了对人工智能或将取代人类工作的焦虑情绪，甚至有人担心人类最终会创造出连自己都无法控制的智能机器。这种担心都源于人们对人工智能的底层技术不了解，人工智能的底层技术即为信息技术，而信息技术的核心就是编程。在人工智能时代，编程教育的发展尤为关键，编程越来越成为这个时代必备的素养，就像看书识字一样，提倡从小培养编程思维。

编程是什么呢？简单讲，就是对计算机、智能设备或网站发出指令，告诉它们你想要做什么。麻省理工学院教授米切尔·雷斯尼克（Mitchel Resnick）说：“当你学会编程，你会开始思考世界上的一切过程。”通过编程系统训练的学生，分析能力、抽象的逻辑思维能力、推理能力及综合创新能力会得到很大的提高，编程训练不仅与文化课学习不矛盾，而且能极大地提高文化课的学习能力，提高成绩，达到全面发展。编程是信息技术的“核心技术”，具备编程天赋潜质的优秀学生在中小学时期未打下一定的编程基础，其实是很可惜的。

为什么要从 JavaScript 学起呢？

JavaScript 编写的程序依托浏览器解释运行，每写一行代码其效果可以呈现在浏览器上，及时显示效果可以增强孩子们学习编程的热情。JavaScript 是一门当下很流行并且很有前途的语言，是未来 5 到 10 年主流的编程语言，还可以跟未来的职业紧密地结合起来；它是一种解释型的脚本语言，采用弱类型的变量，对使用的数据类型未做出严格的要求；其设计简单紧凑，学起来比较简单，是初学者学习编程的最好选择。

如何阅读本书？

全书是以“飞机大战”游戏为主线，每节课都有一个项目目标，并且配有 3 个左右的知识点来讲解 JavaScript 的基础知识，其中也会有 HTML 语言相关知识的简单介绍。与此同时，为了让大家能更好地灵活运用，针对所学的内容还会有两节项目展示课：“愤怒的小鸟”游戏和“植物大战僵尸”游戏，以及一个共计四节课的“捕鱼达人”游戏的项目实战。

我们在不断的教学中总结出了一套适合青少年学习编程的教学方法“六学三看一战”。此教学方法在本书当中也有体现。

“六学”指的是趣味编程的课堂按照“码上回顾”、“码上讲”、“群策群力”、“查缺补漏”、“亲自出码”、“一码当先”六步进行教学。

“码上回顾”：每次课前的 10 至 15 分钟，老师出一道编程题目，学生进行编程，通过这种方式让学生回顾上一次学到的知识。学生编程过程中老师可以不断观察每个学生的编程情况，了解学生对各个知识点的掌握程度。

“码上讲”：这个环节中会有计算机英语、项目目标展示、知识点讲解以及码到成功等栏目来剖析本次课的主要内容。每次课前，都会有知识目标和项目目标。所谓知识目标，就是每次课所要学习的主要编程知识；项目目标，是每次课所要实现的项目效果。编程语句都是由英文和其他一些符号组成的，为了更利于编程知识的学习，在进行编程之前先学习编程中遇到的英文单词。因此，设立了“计算机英语”栏目。“讲一讲”栏目，是对编程知识的讲述。“码到成功”栏目，强调的是对编程的练习。如果只是纸上谈兵，只看不做，你就无法感受到程序成功运行那一刻的快乐和成就感。另外，还有“欢乐秀一秀”栏目，通过题目来复习巩固所学习的知识，而且在书籍的最后也都会有详尽的答案解析。

“群策群力”：课上老师给出一个讨论题目或编程题目，按小组的形式进行讨论或编程，锻炼学生语言表达、团队合作等能力。老师在此环节轮流参加各组讨论，及时了解学生的听课效果。

“查缺补漏”：老师会根据群策群力环节的结果，针对大多数同学的共性

问题，再次进行强化讲授。

“亲自出码”：学生自己完成课堂知识并总结案例，用于检验学生课堂内容的掌握程度。老师对每个学生的编程实现过程及结果进行一对一分析，对学生的知识漏洞再次进行弥补，确保学生能全部掌握课堂所学内容。

“一码当先”：让学生在课后完成编程作业题目，分为必做题和选做题。必做题是对当次课所讲知识的复习巩固；选做题，面向学有余力的学生，是对学生编程思维的拓展与提升。课程结束后，老师也会与家长沟通，把家长纳入学生的编程学习过程，督促家长为学生的作业负责。这样就解决了课后老师对学生后续学习辅导力不足的问题，而且还增加了老师与家长的互动和交流。

“三看”：指的是家长可以通过每次课后的学习报告、四次课一测的测评成绩以及十次课一展示的项目展示课来看学生的学习效果。

“一战”：指的是项目实战。课程最后以一个真实的项目让学生将所学知识进行综合运用，使学生的编程思维完整落实。

目前，市面上计算机编程类的书籍有很多，大多都是以专业书籍为主，针对少儿编程教育的图书可谓是凤毛麟角。此次出版的系列图书，为美国纳斯达克上市教育机构——达内教育集团旗下的童程童美自主研发，依托集团 15 年积累的 IT 培训经验和百余名 IT 精英教研团队的优势，书籍内容专为中学阶段的学生订制，在兴趣培养和思维锻炼的同时，传授前沿技术，让中国的青少年接触到编程教育，与国际发达国家青少年教育接轨，让中国青少年赢在 IT 互联网时代的起跑线上！

本书用轻松愉快的方式、通俗易懂的语言，以及充满乐趣的图示，帮助读者轻松学习编程基础知识，适合于中学生以及一切编程初学者。

目录 Contents

俄罗斯方块（一）

知识目标

- 俄罗斯方块的设计理念及概述
- HTML 基础语法
- HTML 标记

项目目标

- 了解俄罗斯方块的设计理念
- 创建第一个完整的 html 文档

项目流程

搭建场景	创建方块对象	随机生成方块	方块向下移动	预告功能
	添加方块到背景		删除移动痕迹	
GAMEOVER 功能	方块左右移动	消除行数并记分	用键盘控制游戏	实现方块旋转
	方块落地停止	满格结束游戏		

认识 HTML

HTML（HyperText Markup Language）超文本标记语言，是一种纯文本类型的语言，用来设计网页的标记语言，用该语言编写的文件，以 .html 或者 .htm 为后缀。

- 超文本：就是指页面内可以包含图片、链接，甚至音乐、程序等非文字元素。
- 标记：是一对尖括号 <> 将网页中的内容逐一标识出来由浏览器解释执行。

```
<br/>
<!-- 换行符 -->
<input type= "button" value= " 点我 "/>
<!-- 显示点我按钮 -->
```

如上图所示代码，第一个标记是换行符，用于换到下一行，第二个标记是一个按钮，按钮上面显示“点我”两个字。

（1）标记的使用。

- HTML 用于描述功能的符号称为“标记”，比如 <p>、<h1> 等。
- 标记在使用时必须使用尖括号括起来。
- 有封闭类型标记，也有非封闭类型的标记。

  如下代码，<h1></h1> 就是一对封闭类型的标记。

```
<!DOCTYPE html>
<html>
    <head>
        <meta charset="UTF-8" />
        <title> 我是一个网页 </title>
    </head>
    <body>
        你看我们一样吗？
        <h1> 你看我们一样吗？ </h1>
    </body>
</html>
```

运行效果如下图所示：

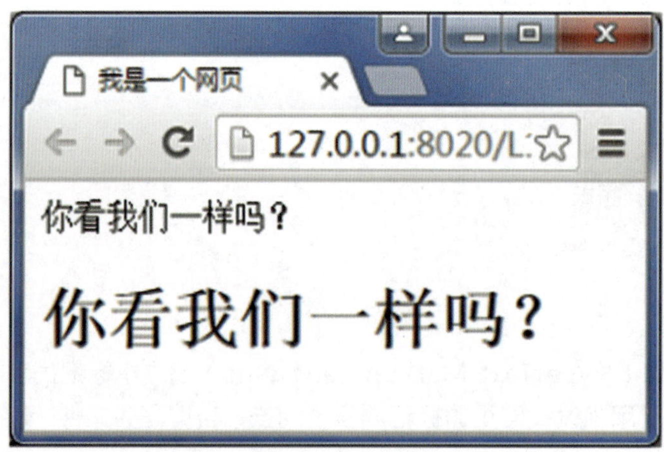

- 不同的标记会导致不同的效果。

（2）封闭类标记。

● 封闭类的标记必须成对出现。

```
<!DOCTYPE html>
<html>
        <head>
                <meta charset="UTF-8" />
                <title> 我是一个网页 </title>
        </head>
        <body>
                <p> 我是第一个标记 </p>
                <h1> 然而另一个标记，忘了结束
                <p> 那它跟我还一样吗？ </p>
        </body>
</html>
```

运行效果如下图所示：

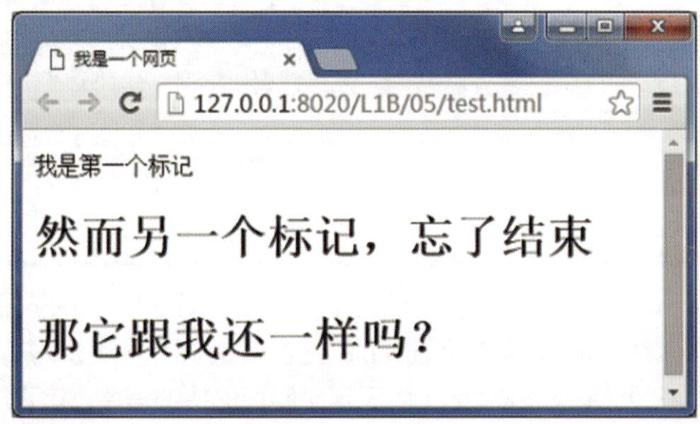

（3）非封闭类标记。

● 非封闭类型标记，也叫做空标记，或者单标记，< 标记 /> 或者 < 标记 >。

```
<!DOCTYPE html>
<html>
        <head>
               <meta charset="UTF-8" />
               <title> 我是一个网页 </title>
        </head>
        <body>
               你猜我换行不 <br/> 我觉得我换行
               我也想换行 <br> 你们慢慢换
        </body>
</html>
```

运行效果如下图所示：

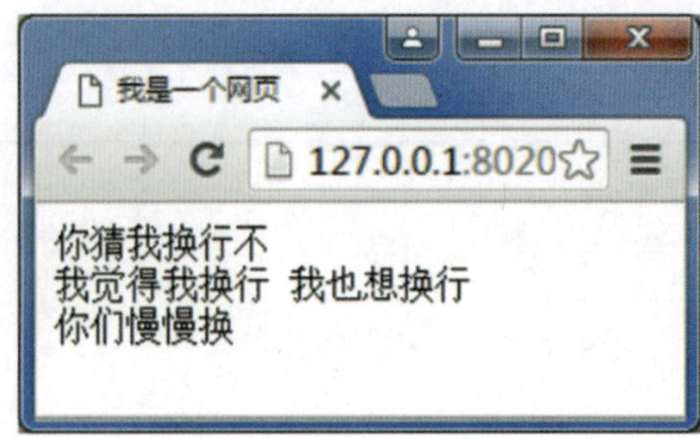

HTML 与 JavaScript

HTML 页面上，可以嵌套用脚本语言编写的程序段（如 JavaScript）。

如何创建一个网页

```
<!DOCTYPE html>                                <!-- 网页声明：采用 HTML5 文档规范 -->
<html>                                         <!-- 识别 HTML 文档的标志 -->
    <head>                                     <!-- 头部定义文档属性信息 -->
        <meta charset="UTF-8" />               <!-- 规定 HTML 文档的字符编码 -->
        <title> 我是一个网页 </title>          <!-- 网页标题，在浏览器标记部分显示 -->
    </head>
    <body>                                     <!-- 网页主体，包含文档的所有内容 -->
    </body>
</html>
```

- <!DOCTYPE html>，用于声明这个网页是采用 HTML5 的规范标准。
- <html></html>，这个标记里面的内容就是采用 HTML5 规范编写的网页。
- <head></head> ,这个标记用于定义网页的头部信息 ,如网页标题栏里的标题等。
- <body></body>，这个标记用于编写网页里面需要显示的内容。

编码（计算机内部所有数据都是以编码形式表现的）。读取编码的方式错误就会出现乱码，如下图所示：

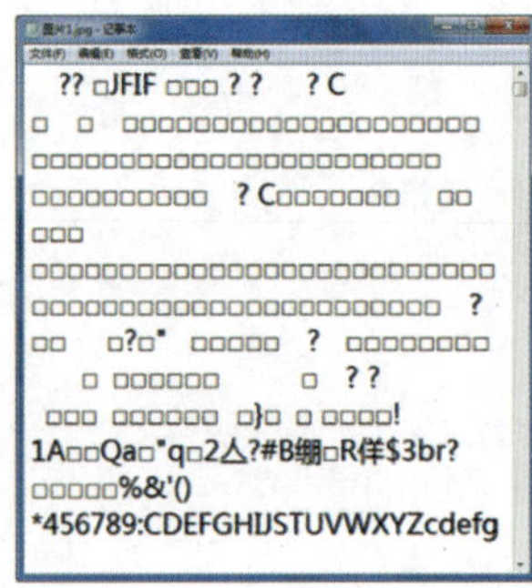

下面是一些字符编码：

编码名称	简介
ASCⅡ	美国国家信息交换标准代码，一种使用7个或8个二进制位进行编码的方案，最多可以给256个字符分配或指定数值
ISO 8859-1	是国际标准化组织内ISO/IEC 8859的第一个8位字符集。它以ASCII为基础，加入96个字母及符号，此字符集支持部分于欧洲使用的语言
Unicode	Unicode是一个很大的集合，现在的规模可以容纳100多万个符号。每个符号的编码都不一样。 比如，U+0639表示阿拉伯字母Ain，U+0041表示英语的大写字母A，“汉”这个字的Unicode编码是U+6C49
UTF-8	为了提高Unicode的编码效率，于是就出现了UTF-8编码。UTF-8可以根据不同的符号自动选择编码的长短。比如英文字母可以只用1个字节就够了

为了提高编码效率，一般采用 UTF-8 编码。

（1）创建一个网页，使用的代码如下：

```
<!DOCTYPE html>
<html>
        <head>
                <meta charset="UTF-8" />
                <title> 我是一个网页 </title>
        </head>
        <body>
        </body>
</html>
```

执行上述代码我们会得到一个空网页，网页标题里的名字为“我是一个网页”。

（2）script 标记。

在 HTML 页面中插入一段 JavaScript：

```
<!DOCTYPE html>
<html>
    <head>
        <meta charset="UTF-8" />
        <title> 我是一个网页 </title>
        <script>
            alert(" 一个网页的诞生 ");
        </script>
    </head>
    <body>
    </body>
</html>
```

- <script></script>，这对标记就是用来包裹 JavaScript 脚本语言的。

div 标记。

div 可以把文档分割成独立的、不同的部分。

```
<!DOCTYPE html>
<html>
    <head>
        <meta charset="UTF-8" />
        <title> 我是一个网页 </title>
    </head>
    <body>
        <div>

        </div>
    </body>
</html>
```

- <div></div>，一对 div 标记所代表的并不是网页当中的某几行或某几列的内容，而是网页上的一个区域，区域的划分有可能是横向或者是纵向的，还可能是不规则的。

  如下图所示：

Bai du 百度

百度一下

把百度设为主页　关于百度　About Baidu　百度推广

©2016 Baidu 使用百度前必读 意见反馈 京ICP证030173号

京公网安备11000002000001号

（1）给 div 添加样式（class 设置要引入的类名）：

```
<!DOCTYPE html>
<html>
    <head>
        <meta charset="UTF-8" />
        <title> 俄罗斯方块 </title>
    </head>
    <body>
        <div class = "playground">

        </div>
    </body>
</html>
```

- 我们可以在标记的第一个尖括号里，为这个标记下的内容设置样式，如上述代码所示，我们为 div 标记指定样式， 把 div 需要用到的样式写到一个类里面，这个类的名称为 playground，这样 playground 类里面就包含了 div 所需要的所有样式。

（2）css 样式：

```
.playground {          // 此处的点是类选择器
    width: 525px;
    height: 550px;
    margin: 20px auto 0 auto;
    position: relative;
    background-image:url(../img/tetris.png);
}
```

- 如上述代码所示，我们为 playground 添加类选择器，也就是句点（.），在这个句点前面我们可以添加标记名称，添加标记名称后这个样式类就被指定给此标记使用，如果句点前面不指定标记名称，那我们可以把这个样式类指定给任何可应用此样式类的标记。

p 标记

p 标记用于定义段落，为我们所写的文本进行分段。

（1）在浏览器中输出一段话：

```
<!DOCTYPE html>
<html>
    <head>
        <meta charset="UTF-8" />
        <title> 我是一个网页 </title>
    </head>
    <body>
        <p> 我们放暑假了！ </p>
    </body>
</html>
```

如上述代码所示，代码会把“我们放暑假了！”当成一个段落来处理，但是我们这里只有一句话，所以看不出效果，请看下面的代码。

（2）在浏览器中输出一首诗：

```
<!DOCTYPE html>
<html>
    <head>
        <meta charset="UTF-8" />
        <title> 我是一个网页 </title>
    </head>
    <body>
        <p> 暗梅幽闻花，</p>
        <p> 卧枝伤恨底。</p>
        <p> 遥闻卧似水，</p>
        <p> 易透达春绿。</p>
        <p> 俺没有文化，我智商很低 。</p>
        <p> 要问我是谁，一头大蠢驴。</p>
    </body>
</html>
```

如上述代码所示，每句话都被分成了不同的段落。

span 标记（为 p 标记增加了额外的结构）：

- <span> 标记被用来组合文档中的行内元素，也就是说当字里行间有个别字需要改变样式时，我们可以用 <span></span> 标记进行包裹。

代码如下：

```
<!DOCTYPE html>
<html>
    <head>
        <meta charset="UTF-8" />
        <title> 我是一个网页 </title>
    </head>
    <body>
        <div class ="playground">
            <p>
                SCORE: <span>120</span>
            </p>
            <p>
                LINES: <span>10</span>
            </p>
            <p>
                LEVEL: <span>1</span>
            </p>
        </div>
    </body>
</html>
```

知识拓展（进制）

- 十进制：有 10 个基数：0 ~ 9 ，逢十进一。
- 二进制：有 2 个基数：0 ~ 1 ，逢二进一 （计算机采用二进制）。
- 八进制：有 8 个基数：0 ~ 7 ，逢八进一。
- 十六进制：有 16 个基数：0~9 A，B，C，D，E，F(A=10,B=11,C=12,D=13,E=14,F=15) 逢 十六进一 。

（1）二进制的加减法运算：

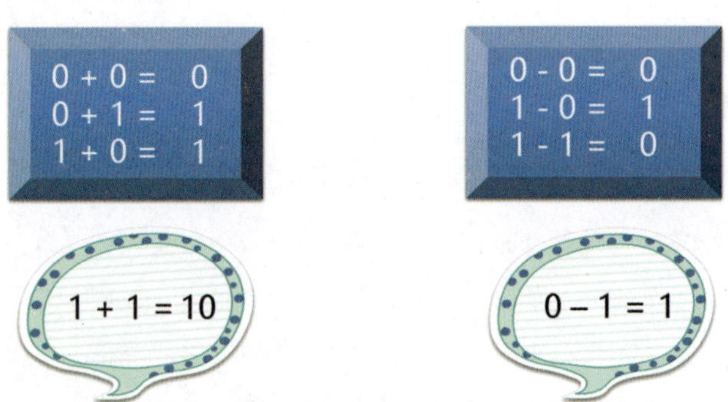

二进制数每凑够一个 2 就会向前进一个 1，所以二进制 10 代表的是十进制的 2，二进制数减法运算时不够减，会向前借一位，借下来的数代表两个 1，所以 0 – 1 = 1。

（2）二进制的乘除法运算：

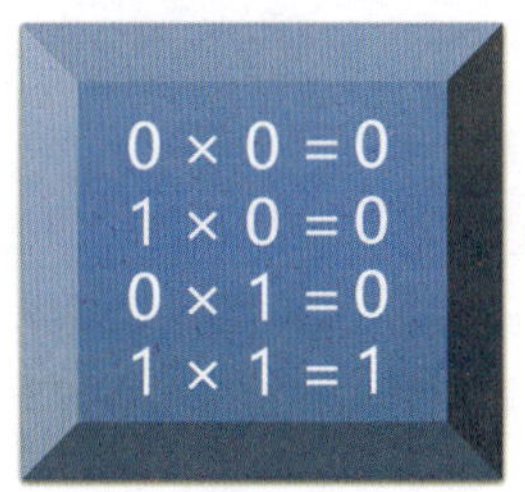

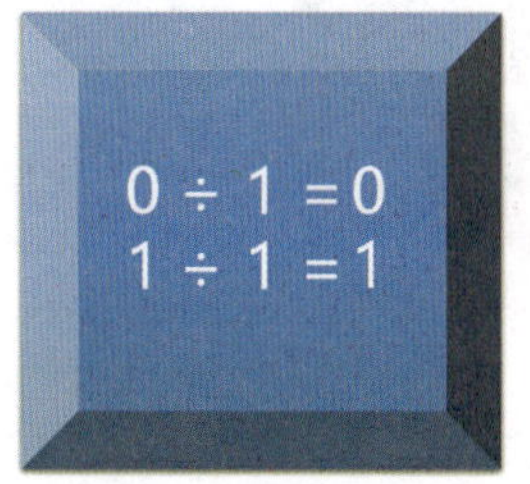

二进制的乘除法运算可以先把二进制数转换成十进制的数字，然后再做运算，运算完成再把十进制数转换成二进制数就可以了。

（3）十进制转换成二进制：

52

除数	被除数	余数
2	52	0
2	26	0
2	13	1
2	6	0
2	3	1
	1	1

倒着写

00110100

- 十进制数字对 2 不断除以 2，取余数之后商继续除以 2 取余数，直到得到的商小于 2，然后所有的余数倒着写就是转换后的二进制数字。

（4）二进制转换成十进制：

2的几次方	得数
0	1
1	2
2	4
3	8
4	16
5	32
6	64
7	128
8	256

00110100

0	128
0	64
1	32
1	16
0	8
1	4
0	2
0	1

4 + 16 + 32 = 52

- 二进制从右到左分别对应着十进制数为：2^0、2^1、2^2、2^3……2^n。
- 转换成十进制，就是把二进制所有代表 1 的位置上的 2 的次方结果求和即可。

进制转换练习

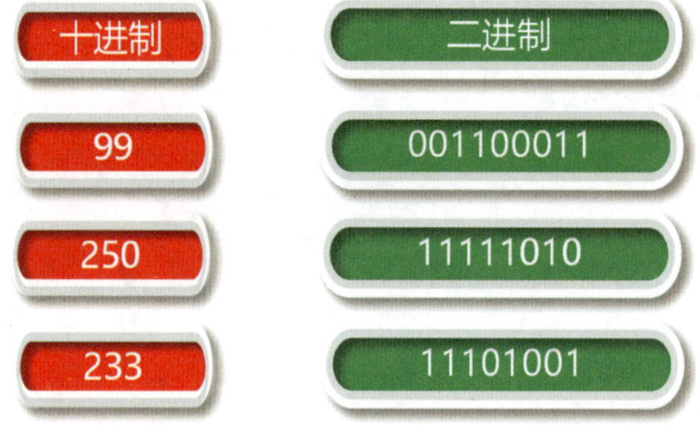

十进制	二进制
99	001100011
250	11111010
233	11101001

同学们，我们先把右侧遮住，然后把十进制转换成二进制，看与我们右侧的二进制是否相同，然后再把左侧遮住，把二进制转换成十进制看是否与左侧数值相同，动手练一练吧！

欢乐秀一秀

（1）下列选项中的标记用于分区的是（　　）。

A. <p></p>

B. <div></div>

C. <script></script>

（2）请选择下列序号处的功能：

tetris_V01.html

```
<!DOCTYPE html>①
<html>②
    <head>
      ③ <meta charset="UTF-8" />
      ④ <title>我是一个网页</title>
    </head>
    <body>

    </body>
</html>
```

（　　）　　告知浏览器这是一个html文档

（　　）　　规定了字符编码

（　　）　　网页的台头

（　　）　　<!DOCTYPE>声明,必须是HTML文档的第一行

（3）想在浏览器中输出文字不可以把文字写在哪对标签里（　　）。

A. <html></html>　　B. <title></title>

C. <head></head>　　D. <p></p>

（4）可以为 p 标记增加额外结构的是（　　）。

A. <div></div>　　B. <span></span>

C. <body></body>　　D. <p></p>

在空白的 html 文档中创建一个网页并赋诗一首。

俄罗斯方块（二）

知识目标

- 搭建程序开始界面
- 使用文档碎片将方块添加到背景上

项目目标

- 在界面上画出游戏开始的界面

常量

我们已经学过变量，变量是存储信息的容器，可以被重新赋值也具有可变性。与之相反的是常量，常量是在程序运行时不会被修改的量。

- 使用关键字 const 来声明常量。
- 常量命名时所有字母都大写。
- 两个单词之间用 _ 来分隔。

常量的不可变性：

我们知道变量具有可变性，例如：

```
var hat = 1;
hat = hat + 1;
alert(hat);
```

变量 hat 在自身基础上加 1 后，hat 的值为 2。即代码运行结果在警告框上显示 2。如果声明一个常量，例如：

```
const HEAD = 1;
HEAD = HEAD + 1;
alert(HEAD);
```

代码的运行结果如下：

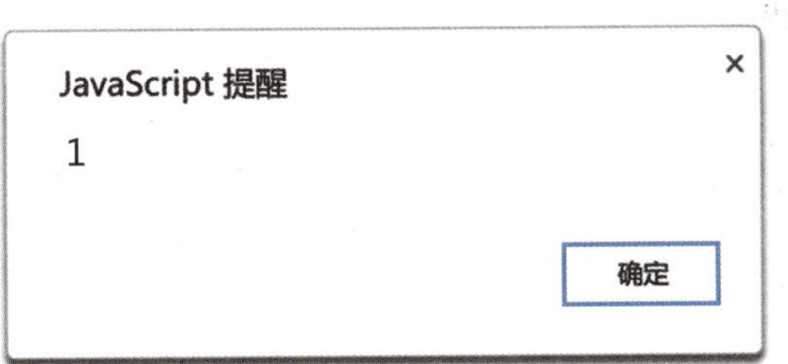

从运行结果可以看出：使用 const 声明的常量 HEAD，HEAD 在自身基础上增加 1，结果是不变的。即常量具有不可变性。

（1）使用对象直接量创建 player 对象：

```
var player = {
    NAME : " 君莫笑 ",
    level : 75,
    equipment : " 千机伞 ",
    introduce : function() {
        alert(" 玩家姓名：" + this.NAME + ", 等级：" +
            this.level + " ，善用武器：" + this.equipment);
    }
}
```

对象直接量与构造方法的区别：使用构造方法可以创建多个对象，使用对象直接量只创建一个对象。这里 player 对象的 NAME 属性名是大写，但并不是常量，只是给我们一个提示 NAME 属性值不轻易改变。

（2）访问对象的属性，调用对象的方法：

```
alert(player.NAME);
player.introduce();
```

代码的运行结果如下：

JavaScript 提醒

君莫笑

确定

JavaScript 提醒

玩家姓名：君莫笑，等级：75，
善用兵器：千机伞

确定

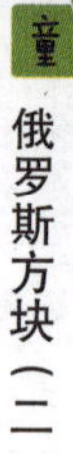

（1）场景的构建。

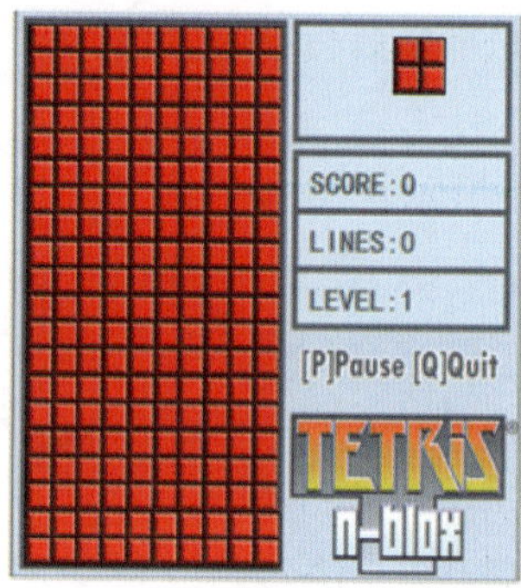

我们要构建如上图所示的游戏场景，其中左边是游戏区，右边是成绩等级显示区。游戏区都是由小方块组成的，这样便于我们用代码绘制不同形状的图案。那我们观察一下，游戏区由多少小方块组成？可以看出小方块有规则地排布，共 20 行 10 列。

（2）使用对象直接量创建 tetris 对象。

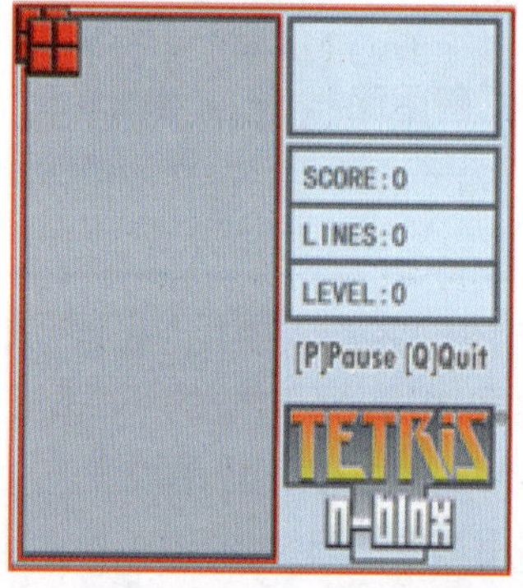

我们可以分析出游戏区对象的属性，包括行数、列数、每个小方块的大小、小方块的图片、游戏区距离背景上边缘和左边缘的偏移量、要显示的图案以及用到的小方块的图片。创建 tetris 对象，代码如下：

```
var tetris = {
    RN : 20,    // 行数
    CN : 10,    // 列数
    CELL_SIZE : 26,   // 每个小方块的大小
    IMGS : "img/O.png",
    OFFSET_X : 15,   // 偏移量
    OFFSET_Y : 15,
    shape : null,   // 先设为空值以后再赋值
    pg:null
}
```

（3）创建一个方块的构造方法：

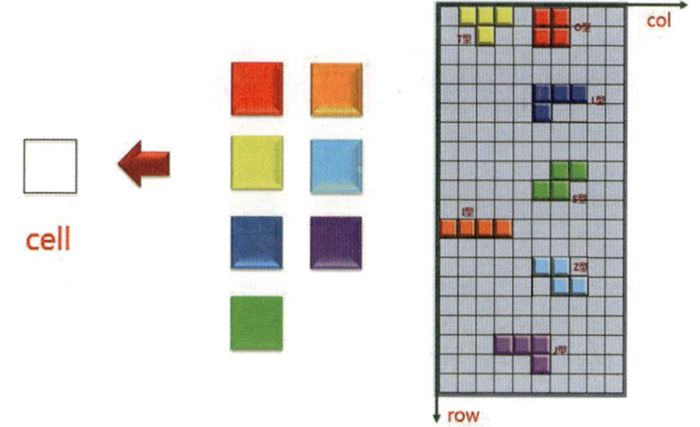

我们可以知道所有的图形都是由几个小方块构成的，小方块是最基本的单元。让我们分析一下小方块的属性，包括行号、列号以及本身图片的属性。创建一个方块的构造方法，代码如下：

```
function Cell(row, col, img) {
    this.row = row;
    this.col = col;
    this.img = img;
}
```

（4）创建一个 O 型的构造方法：

0,0	0,1	0,2	0,3	0,4
1,0	1,1	1,2	1,3	1,4
2,0	2,1	r,c	r,c+1	2,4
3,0	3,1	r+1,c	r+1,c+1	3,4
4,0	4,1	4,2	4,3	4,4

0,4
0,5
1,4
1,5
SCORE:0
LINES:0
LEVEL:0
[P]Pause [Q]Quit
TETRIS
n-blox

分析可知：一个 O 型的图案是由 4 个小方块构成的，并且这 4 个小方块所在的行号和列号分别为（0, 4）、（0, 5）、（1, 4）、（1, 5）。也可以总结出在任意位置组成 O 型图案的 4 个小方块的行号和列号分别为（r, c）、（r, c + 1）、（r + 1, c）、（r + 1，c + 1）。我们先做出在上图的固定位置显示出 O 型图案，创建一个 O 型的构造方法如下：

```
function O() {
    var img = tetris.IMGS;
    this.cells = [
            new Cell(0, 4, img), new Cell(0, 5, img),
            new Cell(1, 4, img), new Cell(1, 5, img)
        ];
}
```

（5）创建开始方法：

```
start : function() {
    this.pg = $('.playground')[0];
    this.shape = new O();
}
```

该方法的第一句代码是引用类名为 playground 中的第一个元素并赋值给 tetris 对象的 pg 属性。因为我们只有一个类名为 playround 的 div，所以要在后面添加 [0]，这部分知识是我们 level2 要学习的内容，以后会详细讲解。第二句代码是创建一个 O 型对象并赋值给 tetris 对象的 shape 属性。

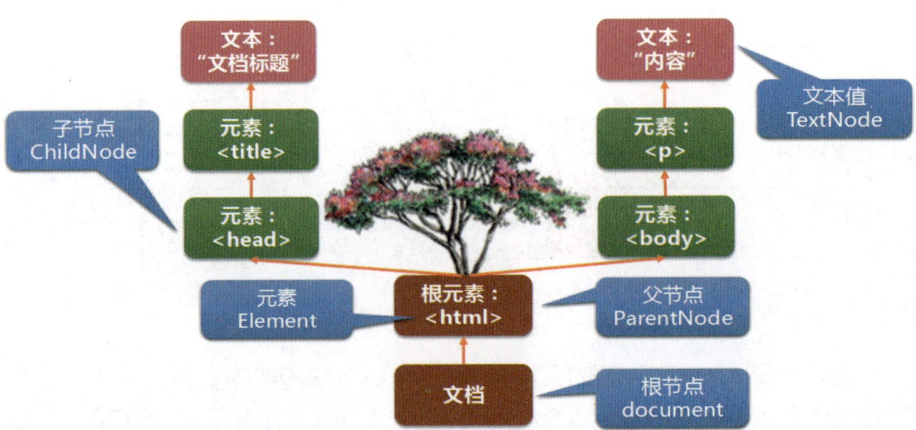

文档对象的结构是树形结构，其中根节点就是 document。文档对象有很多内置的方法，比如我们上面代码所用到的：

document.getElementById("id"); 该方法返回拥有指定 id 的第一个对象。

document.createDocumentFragment(); 创建文档碎片。

appendChild(); 该方法的作用是向该节点列表的子节点末尾添加节点。

文档对象

文档碎片类似一个临时的文档，好比一个小推车，我们可以把需要添加的东西都放进去， 然后再一起放到网页当中，提高页面效率。

就像我们在画一个俄罗斯图案时，每个图案都由 4 个小方块组成，每个小方块都有自己的 img，所以在画图案的时候可以先将这些小方块的 img 放到一个文档碎片中，然后将文档碎片中的所有小方块的 img 全部画出。

那我们如何将每个小方块的 img 添加到文档碎片中以及将文档碎片中的图片放到场景中，就需要使用 appendChild() 方法了。

（1）创建 paintShape 方法将 O 型方块画到场景上：

```
paintShape : function() {
    var frag = document.createDocumentFragment();  // 创建文档碎片
    for (var i = 0; i < 4; i++) {
        var c = this.shape.cells[i];
        var x = c.col * this.CELL_SIZE + this.OFFSET_X;
        var y = c.row * this.CELL_SIZE + this.OFFSET_Y;
        var img = new Image();
        img.src = c.img;
        img.style.left = x + 'px';    // 获取小方块相对于场景的左边距
        img.style.top = y + 'px';   // 获取小方块相对于场景的上边距
        frag.appendChild(img);   // 将生成的方块添加到文档碎片中
    }
    this.pg.appendChild(frag);   // 将文档对象中的图片放到场景中
}
```

（2）在 start 方法中调用 paintShape 方法：

```
start : function() {
    this.pg = $('.playground')[0];
    this.shape = new O();
    this.paintShape();
}
```

（3）调用开始方法：

```
window.onload = function() {
    tetris.start();
}
```

在页面 css，js，img 等全部加载完成后开始执行。

画出 I 型和 T 型的图像

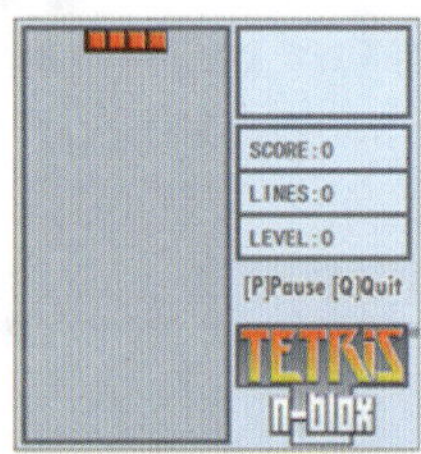

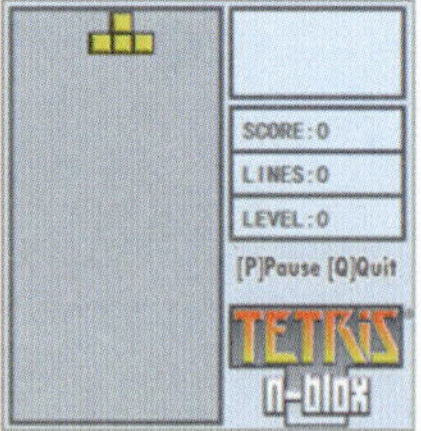

（1）添加 I 方块和 T 方块的图片：

```
var tetris = {
    RN : 20,
    CN : 10,
    CELL_SIZE : 26,
    IMGS : {
        O : 'img/O.png' ,
        I : 'img/I.png' ,
        T : 'img/T.png'
    },
    OFFSET_X : 15,
    OFFSET_Y : 15,
    shape : null,
    pg : null
}
```

（2）创建一个 I 形的构造方法：

我们设置 I 型图案每个小方块的显示位置为（0,3）、（0,5）、（0,4）、（0,6）。具体代码如下：

```
function I() {
    var img = tetris.IMGS.I;
    this.cells = [
        new Cell(0, 3, img), new Cell(0, 5, img),
        new Cell(0, 4, img), new Cell(0, 6, img)
    ];
}
```

（3）修改开始方法：

```
start : function(){
    this.pg = $('.playground')[0];
    this.shape = new I();
    this.paintShape();
}
```

创建一个 I 型对象并赋值给 tetris 对象的 shape 属性。

（4）创建一个 T 形的构造方法：

我们设置 T 型图案每个小方块的显示位置为（0, 3）、（0, 4）、（0, 5）、（1, 4）。具体代码如下：

```
function T() {
    var img = tetris.IMGS.T;
    this.cells = [
        new Cell(0,3,img), new Cell(0, 4, img),
        new Cell(0,5,img), new Cell(1, 4, img)
    ];
}
```

（5）修改开始方法：

```
start : function() {
    this.pg = $('.playground')[0];
    this.shape = new T();
    this.paintShape();
}
```

创建一个 T 型对象并赋值给 tetris 对象的 shape 属性。

（1）请看下列代码：

```
function Ball() {
    var x = 45;
    const WEIGHT = 2;
    var move = function() {
        x = x + 1;
    }
}
```

上述代码中的常量是（　　）。

A. x　　B. WEIGHT　　C. move

（2）下列选项中常量命名正确的是（　　）。

A. myName　　B. PLAY

C. SMIL E　　D. 4TEACHER

（3）下列选项中，使用对象直接量创建对象正确的是（　　）。

A.
```
var tetris = {
    RN : 20,
    CN : 10,
    CELL_SIZE = 26
}
```

B.
```
var tetris = {
    RN = 20,
    CN = 10,
    CELL_SIZE = 26
}
```

C.
```
var tetris = {
    RN : 20;
    CN : 10;
    CELL_SIZE : 26
}
```

（4）下列创建文档碎片的代码正确的是（　　）。

A. document.createDocumentFragment();

B. appendChild();

C. document.getElementById("id");

（5）下列选项中等页面图片都加载完毕时才开始执行里面代码的语句是（　　）。

A. window.onload = function() {}

B. function window() {}

C. onload.window = function() {}

将 S 型图案添加到场景中。

课后心得

俄罗斯方块（三）

知识目标

- js 文件及其使用
- prototype 原型及其应用

项目目标

- 随机生成不同的小方块
- 实现方块下落

js 文件

以 .js 为后缀的文件，是用 JavaScript 脚本语言编写的文件。

（1）提取图形代码到 js 文件中：

① 创建 shapes.js 文件；

② 将各种图形的构造方法的代码提取出来；

③ 将提取出来的代码放到 shapes.js 文件中。

（2）提取逻辑代码到 js 文件中：

① 创建 tetris.js 文件；

② 将逻辑关系的代码提取出来，放到 tetris.js 文件中。

关联 js 文件：

```
<script src = "js/shapes.js"></script>
<script src = "js/tetris.js"></script>
```

src 表示 js 文件的相对路径。

随机生成不同的小方块

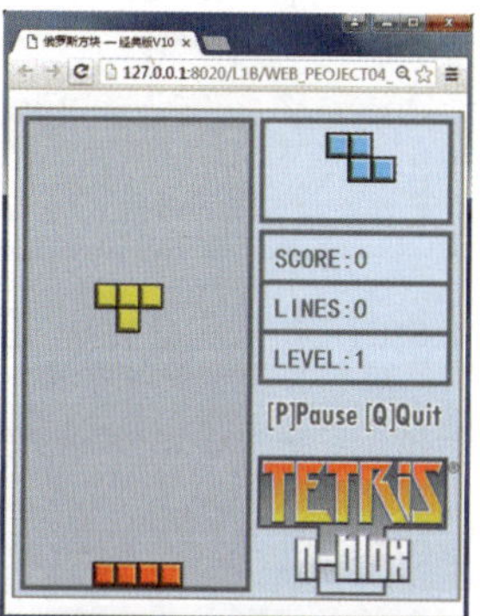

需要用到的知识点：

return 关键字的使用

return 除了可以返回字符串和数字之外还可以返回对象。

创建 Hero 构造方法：

```
function Hero(type, name) {
    this.type = type;
    this.name = name;
    this.choose = function() {
        alert(" 您选择的英雄类型是 " + this.type + ":" +
                " 英雄名字是 " + this.name);
    }
}
```

我们在这里通过输入一个数字生成我们想生成的对象。

定义 chooseHero 方法（使用 switch 语句）：

```
var yourChoose = prompt(" 请输入您要选择的英雄编号 (1-4)：");
function chooseHero() {
    switch(yourChoose) {
        case "1":
            return new Hero(" 刺客 ", " 无极剑圣 ");
        case "2":
            return new Hero(" 法师 ", " 卡牌大师 ");
        case "3":
            return new Hero(" 辅助 ", " 魂锁典狱长 ");
        case "4":
            return new Hero(" 战士 ", " 德玛西亚之力 ");
        default:
            alert(" 啊哦！！你还未拥有该英雄 ");
}
```

调用方法：

```
var myHero = chooseHero();
myHero.choose();
```

根据输入的数字，创建相应的对象，然后调用创建好的对象里的方法。

（1）Math.random( ) 方法：随机数范围 [0,1) 包含 0 不包含 1。

下列各个表达式的取值范围是：

Math.random( );	[0, 1)
Math.random( ) * 110;	[0, 110)
Math.random( ) * 99 + 1;	[1, 100)
Math.random( ) * 9 - 3;	[-3, 6)

（2）parseInt( ) 方法：参数为数字或者以数字开头的字符串返回整数部分，其他返回 NaN。下列各个表达式的返回值是：

```
parseInt ("LOL");          NaN
parseInt ("4.9Name");      4
parseInt (66.69);          66
parseInt (50.3);           50
```

随机生成不同的小方块

```
var tetris = {
    ......
    randomShape : function() {
        switch(parseInt(Math.random() * 3)) {
            case 0: return new O();
            case 1: return new I();
            case 2: return new T();
        }
    }
}
```

通过 3 个构造方法，创建不同的对象，下面我们有更加优化的代码来解决创建对象的问题。

实现方块下落

（1）prototype 原型（保存多个子对象共享的对象，节约内存）：

```
function Stu(name, age, gender) {
    this.name = name;
    this.age = age;
    this.gender = gender;
    this.study = function() {
        alert(" 学习 ");
    }
}
var cc = new Stu(" 聪聪 ", 10, " 男 ");
var mm = new Stu(" 明明 ", 11, " 男 ");
```

- 此时构造方法 Stu 有属于自己的 prototype 原型对象。
- 创建的两个对象 cc,mm 为子对象，每一个子对象都有一个隐藏属性（_proto_），用来指向原型对象 prototype。

（2）prototype 原型的使用：

每个构造方法都有一个原型属性，属性引用了该构造方法的原型对象。

```
Stu.prototype            prototype 原型对象（study 方法）
cc 对象                  _proto_ 子对象（study 方法）
mm 对象                  _proto_ 子对象（study 方法）
```

- 都是用到了相同的 study 方法，此时可以使用 prototype，优化内存。

（1）prototype 原型的使用：

```
function Stu(name, age, gender) {
    this.name = name;
    this.age = age;
    this.gender = gender;
    // 在原型对象中创建 study 方法
    Stu.prototype.study = function() {
        alert(" 学习 ");
    }
}
var cc = new Stu(" 聪聪 ", 10, " 男 ");
var mm = new Stu(" 明明 ", 11, " 男 ");
cc.study();
mm.study();
```

我们把构造方法里的方法给到构造方法的原型对象上，这样被实例化的对象就可以调用原型对象中的 study 方法，省去了每次实例化对象时都要在此实例化对象中创建的 study 方法，节省了内存空间。

（2）在原型对象中添加下落的方法：

```
function Cell(row, col, img) {
    this.row = row;
    this.col = col;
    this.img = img;
    Cell.prototype.softDrop = function() {
        this.row++;
    }
}
```

添加下落方法限制条件

if 判断条件：

① 如果判断条件的值为 true、非 0 的数值或字符串的时候，判定条件为真；

② 如果判断条件的值为 false、0、null 或者 undefined 的时候，判定条件为假。

添加下落方法的限制条件：

```
function Cell(row, col, img) {
    this.row = row;
    this.col = col;
    this.img = img;
    if (!Cell.prototype.softDrop) {
        Cell.prototype.softDrop = function() {
            this.row++;
        }
    }
}
```

- if 语句判断如果没有 softDrop 方法，则执行下面的语句。

使每个 cell 下落

我们需要如下步骤来完成我们的工作：

实现每个cell的下落方法

创建一个构造方法

让每个方块继承该方法

（1）hasOwnProperty 方法判断是否有 softDrop 方法：

```
function Shape() {
    if (!Shape.prototype.hasOwnProperty("softDrop")) {
        Shape.prototype.softDrop = function() {
            for (var i = 0; i < 4; i++) {
                this.cells[i].softDrop();
            }
        }
    }
}
```

让 O 型方块继承下落的方法：

```
function O() {
    ......
    Object.setPrototypeOf(O.prototype, new Shape());
    var img = tetris.IMGS.O
    this.cells = [
        new Cell(0, 4, img), new Cell(0, 5, img),
        new Cell(1, 4, img), new Cell(1, 5, img)
    ];
}
```

- setPrototypeOf 方法用于继承父原型对象。
- setPrototypeOf 方法小括号里的第一个参数表示子类，第二个参数表示父类。

（1）JavaScript 脚本语言应该写在下列的哪个文件当中（　　）。

A. tetris.js　　B. tetris.exe

C. tetris.css　　D. tetris.pdf

（2）将对象中的方法写在什么中可以节省内存（　　）。

A. 对象　　B. proto 属性

C. function　　D. prototype 原型

（3）如何改变构造方法的 prototype 原型（　　）。

A. Shape.t.setPrototypeOf(O.prototype; new Shape());

B. Shape.t.setPrototypeOf(O.prototype, new Shape());

C. Object.setPrototypeOf(O.prototype, new Shape());

D. Object.setPrototypeOf(O.prototype; new Shape());

（4）能获取 0 ~ 6 的整数的代码是（　　）。

A. parseint(Math.random() * 7);

B. parseInt(Math.random() * 7);

C. parseInt(Math.random * 7);

D. parseInt(math.random() * 7);

（5）在 html 文件中引入 js 文件，下列代码正确的是：

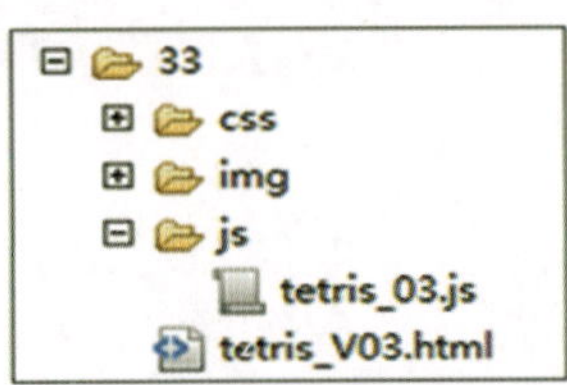

A. <script src = "js/tetris_03.js"></script>

B. <script src = "tetris_03.js"></script>

（1）让 I 型方块继承下落方法。

（2）让 T 型方块继承下落方法。

课后心得

俄罗斯方块（四）

知识目标

- innerHTML 属性
- getElementById() 方法的应用
- 正则表达式
- replace() 方法及其应用

项目目标

- 完善方块下落

完成方块下落

（1）添加 softDrop 方法：

```
var tetris = {
    ......
    softDrop : function(){
        this.paintShape();
        this.shape.softDrop();
    }
}
```

（2）调用 softDrop 方法：

```
var tetris = {
    start : function(){
        this.pg = $('.playground')[0];
        this.shape = this.randomShape();        // 随机产生方块
        this.softDrop();                        // 调用 softDrop
    }
}
```

下落时间间隔

添加定时器：

我们要让俄罗斯方块动起来，就要添加定时器，调用 softDrop 下落方法，让方块每隔一段时间下落并刷新自己的位置。

```
var tetris={
    ......
    timer : null,
    interval : 1000,
    ......
    start : function(){
        this.pg = $('.playground')[0];
        this.shape = this.randomShape();
        this.softDrop();
        this.timer = setInterval(function() {
            tetris.softDrop();
        }, this.interval);
    },
    ......
}
```

innerHTML

- 用来设置或获取位于对象起始和结束标记内的 HTML。
- getElementById() 方法用于获取拥有指定 id 的第一个对象。

（1）获取 title 标签里的内容：

```
<html>
    <head>
        <meta charset = "utf-8">
        <title id ="title"> 俄罗斯方块 </title>
    </head>
    <body>
        <script>
            var title = document.getElementById("title").innerHTML;
            alert(title);
        </script>
    </body>
</html>
```

- 其中 innerHTML 属性是获取 title 标记里的内容。

（2）点击按钮修改 p 标记里的内容：

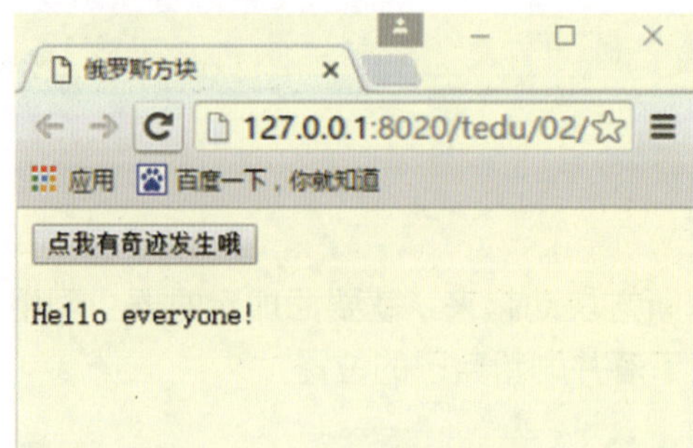

我们要想实现如上图的内容并在点击按钮后 Hello everyone! 后发生变化，将 p 标记中的内容改为大家好！需要用到的知识有：按钮、点击按钮事件、p 标记、innerHTML 属性、getElementById() 方法。代码该如何写呢？

```
<html>
  <head>
    <meta charset  = "utf-8">
    <title id ="title"> 俄罗斯方块 </title>
   </head>
    <input type = "button" value =" 点我有奇迹发生哦 " id = "btn" />
   <body>
          <p id = "p">Hello everyone ！ </p>
          <script>
               var btn = document.getElementById("btn"); // 获取按钮对象
               btn.onclick = function() {    // 点击按钮事件
                  document.getElementById("p").innerHTML = " 大家好！！！";
               }
          </script>
   </body>
</html>
```

正则表达式

正则表达式是对字符串操作的一种逻辑公式，就是用事先定义好的一些特定字符，以及这些特定字符的组合，组成一个“规则字符串”，这个“规则字符串”用来表达对字符串的一种过滤逻辑。通常缩写成“regex”。

- 给定的字符串是否符合正则表达式的过滤逻辑（称作“匹配”）。
- 可以通过正则表达式，从字符串中获取我们想要的特定部分。

（1）常用元字符

正则表达式由一些普通字符和一些元字符组成普通字符，包括大小写的字母和数字，而元字符则具有特殊的含义：

^	行的开头
$	行的结尾
\b	单词边界
|	将两个匹配条件进行逻辑“或”（||）运算。
[abc]	a、b 或 c
.	任何字符（与行结束符可能匹配也可能不匹配）
\d	数字：[0-9]
\s	空白字符：（不可见字符，例如空格，回车）
\w	单词字符：[a-zA-Z_0-9]
X?	X，一次或一次也没有
X*	X，零次或多次
X+	X，一次或多次
X{n}	X，恰好 n 次
X{n,}	X，至少 n 次
X{n,m}	X，至少 n 次，但是不超过 m 次

（2）正则表达式表示手机号：

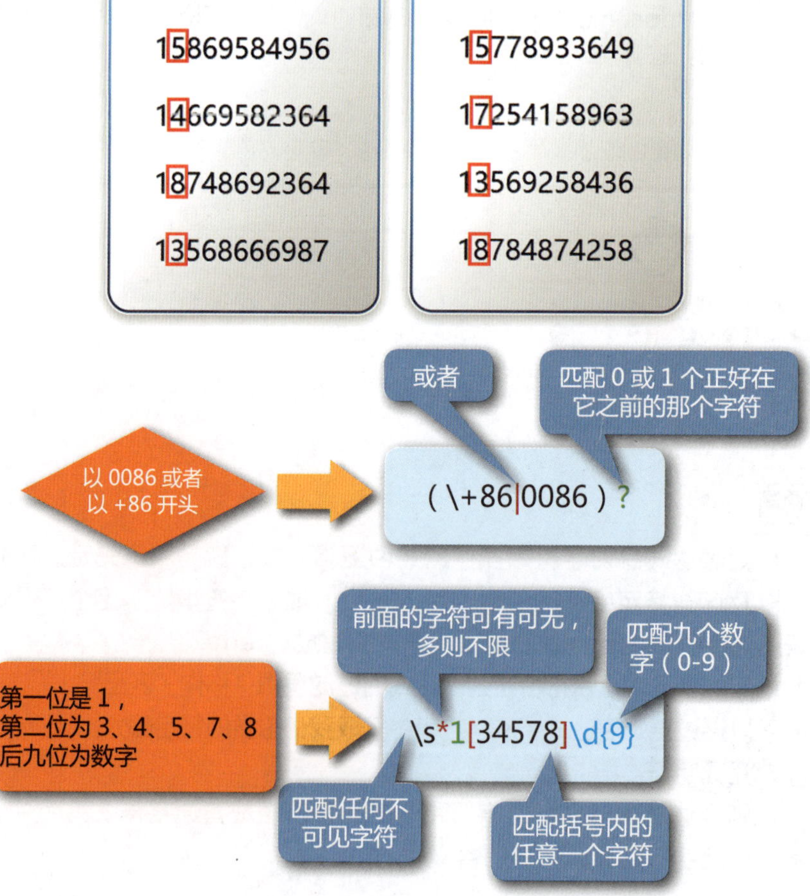

使用正则表达式来表示手机号，验证输入的手机号是否正确，代码如下：

```
var reg = /(\ + 86|0086)?\s * 1[34578]\d{9}/;
while (!reg.test(prompt(" 输入手机号码 "))) {
    alert(" 您输入的不是手机号，请重新输入 ");
}
alert(" 验证通过 !");
```

- reg.test： 用来测试是否符合 reg 表示的正则表达式， 符合则返回 true，不符合则返回 false。

码到成功

正则表达式表示电子邮箱

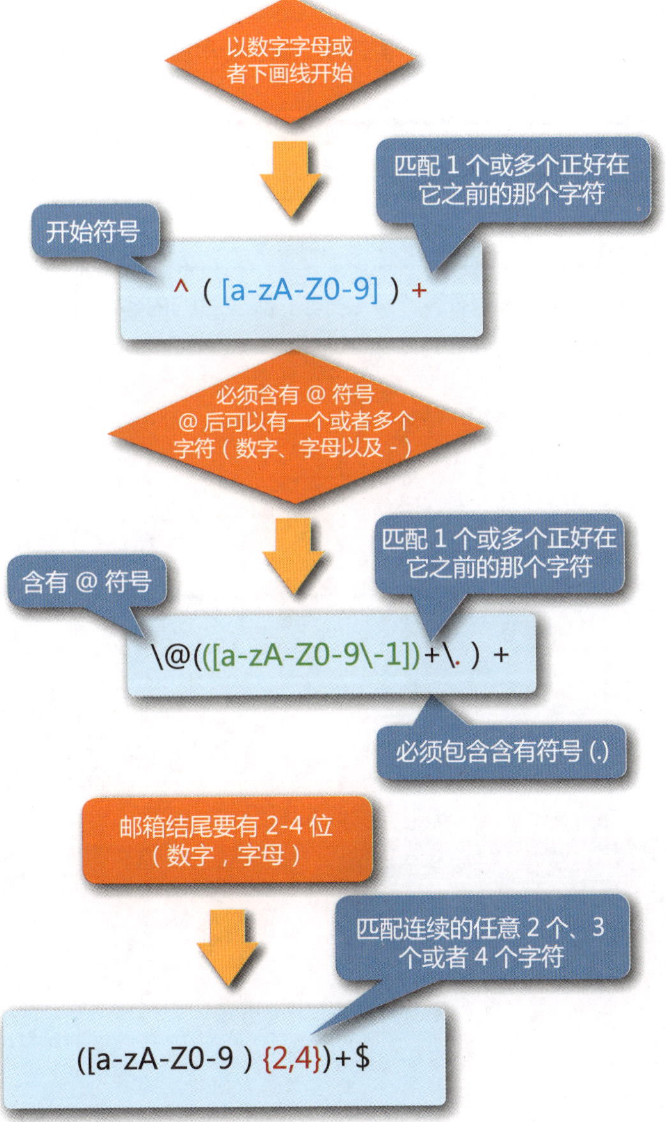

使用正则表达式来表示电子邮箱，验证输入的电子邮箱是否正确，代码如下：

```
var email = /^([a-zA-Z0-9_]) + \@(([a-zA-Z0-9\-])+\.) + ([a-zA-Z0-9]{2,4}) + $/;
while (!email.test(prompt(" 请输入您的邮箱：")))  {
    alert(" 您的电子邮箱格式不正确 ");
}
alert(" 验证成功 ");
```

replace( ) 方法

replace() 方法用于在字符串中用一些字符串替换另一些字符串，或替换一个与正则表达式匹配的字符串：

```
var name = " 亚瑟 ";
var newName = name.replace(/ 亚瑟 /, " 盖伦 ");
alert(newName);
```

- 想要替换的字符串写在两个 / 之间，替换后的内容写在双引号里面中间用逗号分隔开。代码的运行结果为：

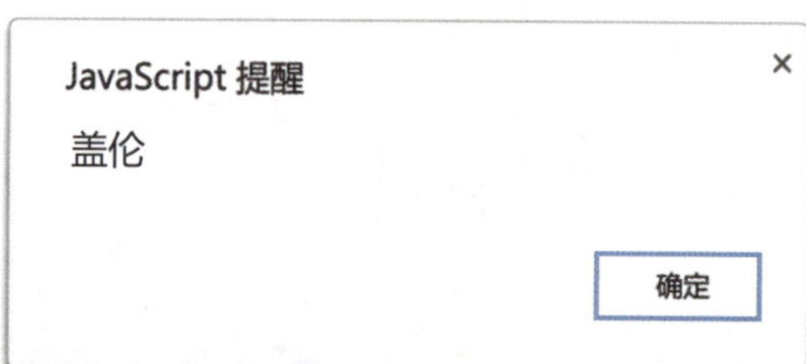

完善方块下落

（1）添加 paint 方法：

```
var tetris = {
    ......
    paint : function() {
        this.pg.innerHTML = this.pg.innerHTML.replace(/<img(.*?)>/g,"");
        this.paintShape();
    }
    ......
}
```

（2）将 paintShape 方法改为 paint：

```
var tetris = {
    ......
    softDrop:function() {
        this.paint();
        this.shape.softDrop();
    }
}
```

（3）添加 score、lines、level 属性：

```
var tetris = {
    ......
    score:0,
    lines:10,
    level:1,
    ......
}
```

（4）添加 paintScore 方法：

```
var tetris = {
    ......
    paintScore : function() {
        $(".playground span")[0].innerHTML = this.score;
        $(".playground span")[1].innerHTML = this.lines;
        $(".playground span")[2].innerHTML = this.level;
    },
    ......
}
```

（5）调用 paintScore 方法：

```
var tetris = {
    ......
    paint : function() {
        this.pg.innerHTML = this.pg.innerHTML.replace(/<img(.*?)>/g, "");
        this.paintShape();
        this.paintScore();
    }
    ......
}
```

（1）下列选项中，修改一个 id = "p" 的标签里的内容正确的是（　　）。

A. document.getElementById("p").innerHTML = " 新内容 ";

B. document.getElementById("q").innerHTML = " 新内容 ";

C. document.getElementById("p").innerHtml = " 新内容 ";

（2）下列正则表达式中的元字符都代表什么呢？

\s________________________________

?________________________________

\d________________________________

.________________________________

*________________________________

（3）replace 方法中的两个参数的含义分别是什么？

replace（______①______,______②______）；

①________________　②________________

使用正则表达式验证座机号码。

课后心得

俄罗斯方块（五）

知识目标

二维数组及其应用

项目目标

绘制墙，下落的方块落入墙中

（1）二维数组（本质上是以数组作为数组元素的数组）：

```
var arr = [[1, 2], ["1", "2"]];
```

- 多使用在存储横行数列的二维数据时，以及需要对数组中的元素进一步细化分类时。

（2）创建二维数组（直接创建二维数组，并初始化数组的内容）：

```
var arr = [
    [值1，值2，......],
    [值1，值2，......],
    ......
];
```

（3）先创建空数组，再向数组中添加子数组：

```
var arr = [];
arr[0] = [值1，值2，......];
arr[1] = [值1，值2，......];
```

（1）创建二维数组 train：

```
var train = [
    [" 小李 ", " 小王 ", " 小赵 "],
    [" 小钱 ", " 小孙 ", " 小秦 "],
    [" 小耿 ", " 小刘 ", " 小吕 "]
];
```

通过访问数组的下标来访问二维数组中的元素。

注意：二维数组中的下标不能越界。

（2）访问二维数组中的元素（访问小耿）：

第一个下标 [2] 表示数组的元素的下标，第二个下标 [0] 表示数组中数组的下标。

运行结果为：

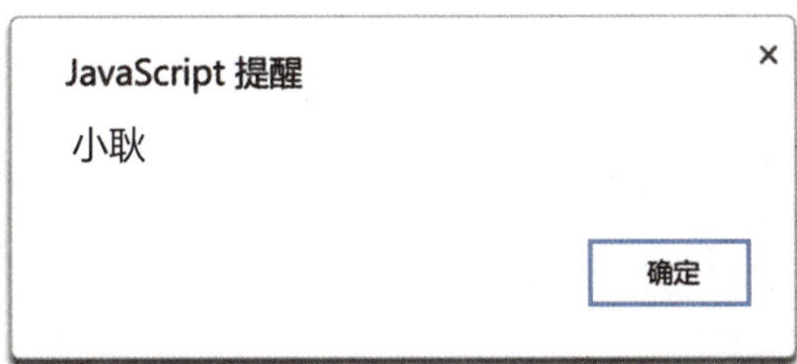

（3）访问数组时下标不能越界：

```
var foods = [
    [" 米饭 ", " 面条 ", " 大饼 "],
    [" 薯条 ", " 鸡翅 ", " 烤肠 "],
    [" 冰激凌 ", " 蛋糕 "]
];
alert(foods[2][3]);
```

运行结果为：

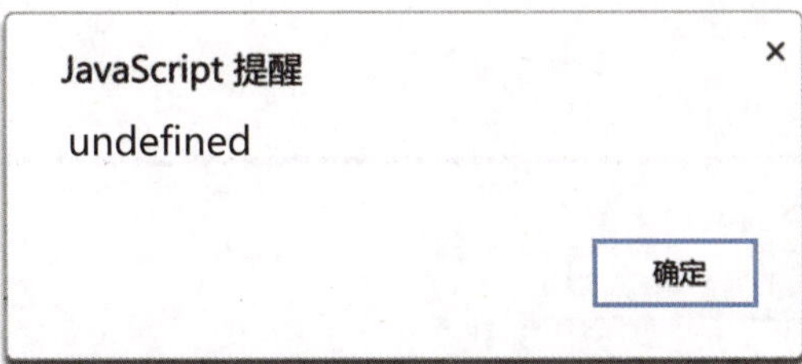

警告框上显示 undefined，访问的元素不存在。

遍历二维数组中的所有元素

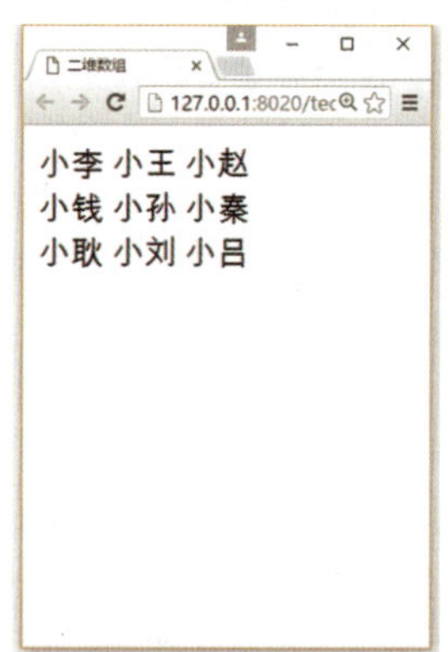

遍历数组中的所有元素，就是访问数组中的每一元素，由于我们的数组现在有两个下标，所以需要有两个变量来控制下标的变化，在这里我们用双重 for 循环来遍历数组。

遍历数组 train 中的所有元素：

```
for(var i = 0; i<3;  i++) {
    for(var j = 0; j < 3; j ++) {
        document.write(train[i][j] + " ");
    }
    document.write("<br/>");
}
```

第一个 for 循环用来控制行数，第二个 for 循环用来控制每行的元素个数。

绘制墙

创建二维数组使用 for 循环保存停止下落的图形，把停止下落的图形作为墙，存储在 wall 变量中：

```
var tetris = {
    wall : null,
    start : function(){
        this.pg = $('.playground')[0];
        this.wall = [];
        for(var i = 0; i < this.RN; i++){
            this.wall[i] = new Array(this.CN);
        }
    },
}
```

创建 paintWall 方法，把墙绘制到背景上：

```
var tetris = {
    ......
    paintWall : function() {
        for(var row = 0; row < this.RN; row++) {
            for(var col = 0; col < this.CN; col++) {
                var cell = this.wall[row][col];
                var x = col * this.CELL_SIZE + this.OFFSET_X;
                var y = row * this.CELL_SIZE + this.OFFSET_Y;
                if (cell) {
                    var img = new Image();
                    img.src = cell.img;
                    img.style.left = x + 'px';
                    img.style.top = y + 'px';
                    this.pg.appendChild(img);
                }
            }
        }
    }
}
```

调用 paintWall() 方法：

```
var tetris = {
    ......
    paint:function() {
        this.pg.innerHTML=
        this.pg.innerHTML.replace(/<img(.*?)>/g, "");
        this.paintWall();
        this.paintShape();
        this.paintScore();
    }
}
```

落入墙中

创建 landIntoWall 方法，把停下的 cell 存入墙中：

```
var tetris = {
    ......
    landIntoWall : function() {
        var cells = this.shape.cells;
        for (var i = 0; i < cells.length; i++) {
            var cell = cells[i];
            this.wall[cell.row][cell.col] = cell;
        }
    }
}
```

判断是否落入墙中

添加 canDrop 方法（判断 cell 是否可以停下并落入墙中）：

```
var tetris = {
    ......
    canDrop : function() {
        var cells = this.shape.cells;
        for (var i = 0; i < cells.length; i++) {
            var cell = cells[i];
            if(cell.row==(this.RN-1)) { ①
                return false;
            }
        }
        for (var i = 0; i < cells.length; i++) {
            var cell = cells[i];
            if(this.wall[cell.row+1][cell.col] != null) { ②
                return false;
            }
        }
        return true; ③
    }
}
```

① 判断当前图形是否下落至方格墙的最后一行

② 判断当前图形下一行是否为空

③ 判断以上情况不满足则继续下落

调用 canDrop 方法：

```
var tetris = {
    ......
    softDrop : function() {
        this.paint();
        if(this.canDrop()) {
            this.shape.softDrop();
        } else {
            this.landIntoWall();
            this.shape = this.randomShape();
        }
    }
}
```

（1）下列创建二维数组的代码正确的是（　　）。

A. var food = [["苹果","香蕉","橘子"],
　　　　　　　["薯条","辣条"]];

B. var food = [["苹果","香蕉","橘子"];
　　　　　　　["薯条","辣条"]];

（2）先创建一个数组，然后再赋值，下列选项正确的是（　　）。

A. var game = [["英雄联盟","穿越火线","欢乐斗地主"],
　　　　　　　["NBA2K17", "CS"]];

B. var game =[];
　game[0] = ["英雄联盟","穿越火线","欢乐斗地主"];
　game[1] = ["NBA2K17", "CS"] ;

（3）访问二维数组中的 NBA2K17，横线处应填写的代码是：

```
var game = [["英雄联盟","穿越火线","欢乐斗地主"],
            ["NBA2K17", "CS"]];
alert(__________);
```

（4）下列创建二维数组的代码正确的是（　　）。

A. var arr = [[1, 2] ; ["a", "b"]]

B. var arr = [[1, 2] , ["a", "b"]]

C. var arr = [(1, 2) , (a, b)]

（5）访问二维数组中的麻子，横线处应填写的代码是：

```
var student = [["张三","李四","王五"],
               ["赵六","麻子"]];
alert(__________);
```

（6）请看下列代码：

```
setInterval(function() {
    A
}, B );
```

定时器中 A 处和 B 处所写的代码，分别表示的意思是？

使用二维数组创建出一个课程表，并在浏览器中显示。

星期一 语文 数学 英语 体育
星期二 数学 音乐 英语 思品
星期三 英语 科学 电脑 体育
星期四 历史 科学 生物 语文
星期五 体育 电脑 音乐 美术

课后心得

课后心得

俄罗斯方块（六）

知识目标

- clearInterval() 方法停止定时器

项目目标

- 图形预告
- 添加游戏结束状态

图形预告

我们要在背景的右上角显示出下一个将要出现的方块图案。要实现这样的功能，完成两部分内容即可： 随机生成预告图形、绘制出预告图形。

如下图所示：

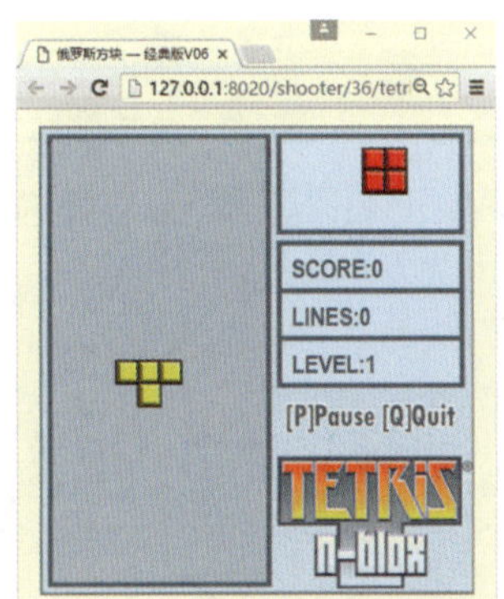

（1）随机生成预告图形：

```
var tetris = {
    ......
    nextShape : null,
    start : function() {
        this.pg = $('.playground')[0];
        this.shape = this.randomShape();
        this.nextShape = this.randomShape();
        this.softDrop();
        ......
    },
    ......
}
```

（2）绘制预告图形：

在绘制预告图形的方法中，我们需要修改一下行和列两个属性值，row 值增加 1，col 值增加 11。方法里的其他内容与绘制 Shape 图案是相同的。

实现代码如下：

```
var tetris = {
    ......
    paintNextShape:function() {
        var cells = this.nextShape.cells;
        var frag = document.createDocumentFragment();
        for (var i = 0; i < cells.length; i++) {
            var c = cells[i];
            var row = c.row + 1;
            var col = c.col + 11;
            var x = col * this.CELL_SIZE;
            var y = row * this.CELL_SIZE;
            var img = new Image();
            img.src = c.img;
            img.style.left = x + 'px';
            img.style.top = y + 'px';
            frag.appendChild(img);
        }
        this.pg.appendChild(frag);
    }
}
```

在 paint 方法中调用绘制预告图形方法：

```
var tetris = {
    ......
    paint : function() {
        this.pg.innerHTML = this.pg.innerHTML.replace(/<img(.*?)>/g, "");
        this.paintWall();
        this.paintShape();
        this.paintNextShape();
        this.paintScore();
    },
}
```

我们再来考虑预告图形是什么时候进入的？在游戏当中，当游戏区的方块落入墙中之后并停止下落时，需要将预告图形 nextShape 赋值给 Shape，预告图形进

入并继续下落。因此，我们需要修改一下 softDrop 方法。

方块停止下落，预告图形进入（修改 softDrop 方法）：

```
var tetris = {
    ......
    softDrop:function() {
        this.paint();
        if (this.canDrop()) {
            this.shape.softDrop();
        } else {
            this.landIntoWall();
            this.shape = this.nextShape;
            this.nextShape = this.randomShape();
        }
    },
    ......
}
```

GAMEOVER 功能

当墙的最大行数组中都有了元素，游戏结束，即将 GAMEOVER 的图片画出来。我们要实现 GAMEOVER 功能，需要做以下 4 件事：

1. 添加状态属性
2. 添加游戏结束图片
3. 添加游戏结束的方法
4. 使用方法判断游戏是否结束

添加状态属性：

```
var tetris = {
    ......
    state:0,                        // 游戏当前状态
    STATE_RUNNING : 0,
    STATE_PAUSE : 1,
    STATE_OVER : 2,                 // 游戏结束状态
}
```

添加图片属性：

```
var tetris = {
    ......
    IMG_OVER : "img/game-over.png",
    IMG_PAUSE : "img/pause.png",
    ......
}
```

添加游戏结束图片

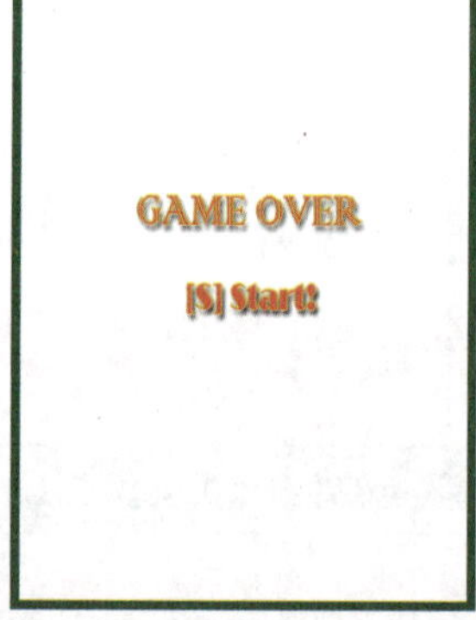

添加游戏结束的图片时，我们需要考虑什么时候出现游戏结束的图片，以及如何添加游戏结束的图片。

我们添加 paintState 方法，该方法实现通过 switch 语句来进行判断当前的状态，并将相应的状态图片加载到 img 对象当中。代码如下：

```
var tetris = {
    ......
    paintState : function() {
        var img = new Image();
        switch(this.state) {
            case this.STATE_OVER :
                img.src = this.IMG_OVER;
                break;
        }
        this.pg.appendChild(img);
    }
}
```

在 paint 方法中调用 paintState 方法：

```
var tetris = {
    ......
    paint : function() {
        this.paintScore();
        this.pg.innerHTML = this.pg.innerHTML.replace(/<img(.*?)>/g, "");
        this.paintWall();
        this.paintShape();
        this.paintNextShape();
        this.paintState();
    },
    ......
}
```

何时游戏结束

游戏何时结束，通过判断下一次出现的图形的位置的行和列是否为空，进而判断方块还能否下落。添加 isGameOver 方法，代码如下：

（1）添加 isGameOver 方法（判断是否结束游戏）：

```
var tetris = {
    ......
    isGameOver : function() {
        var cells = this.nextShape.cells;                    ①
        for (var i = 0; i < cells.length; i++) {
            var cell = cells[i];
            if (this.wall[cell.row][cell.col] != null) {     ②
                return true;                                 ③
            }
        }
        return false;                                        ④
    }
}
```

① 获取下一个即将出现的图形。

② 再判断下一个图形下落前方块墙的相对应的行列是否为空。

③ 为空则游戏继续。

④ 不为空则游戏结束。

逻辑上只有在游戏未结束的情况下才会产生下一个图形并进入游戏画面。因此，需要重写 softDrop 方法， 在下落过程中不断判断游戏是否结束，如果没有结束，则继续下落，否则显示游戏结束图片。

（2）调用 isGameOver 方法

```
softDrop : function() {
    this.paint();
    if (this.canDrop()) {
        this.shape.softDrop();
    } else {
        this.landIntoWall();
        if (this.isGameOver()) {      // 判断游戏是否结束
            // 游戏结束要做的事情
        } else {
            // 游戏继续要做的事
        }
    }
},
```

游戏结束要做什么事呢？

1. 游戏状态更改为 STATE_OVER

2. 停止定时器，并清空定时器

3. 画游戏结束图片

停止定时器

停止定时器——clearInterval() 方法：关闭指定的定时器。

原理：根据定时器的变量名找到相应的定时器并关闭。

举例：定时器 s 执行将输入的内容显示在浏览器中，当输入的内容为“停止”时，执行 clearInterval（s），停止当前的定时器，输入的内容不再显示在浏览器中。代码如下：

```
var s = setInterval(function() {
    var say = prompt(" 请输入你想说的话 ");
    if (say == " 停止 ") {
        clearInterval(s);
    }
    document.write(say + "<br/>");
}, 10);
```

游戏结束要做的事：

```
if (this.isGameOver()) {
    // 将游戏的状态改为 STATE_OVER
    this.state = this.STATE_OVER;
    clearInterval(this.timer);          // 停止定时器
    this.timer = null;                  // 清空定时器
    this.paint();                       // 画游戏结束图片
} else {
    // 游戏继续进行要做的事
}
```

游戏继续要做什么事情呢？

1. 预告图形进入

2. 产生新的预告图形

游戏继续要做的事：

```
if (this.isGameOver()) {
    this.state = this.STATE_OVER;
    clearInterval(this.timer);
    this.timer = null;
    this.paint();
} else {
    // 游戏继续进行要做的事
    this.shape = this.nextShape;
    this.nextShape = this.randomShape();
}
```

（1）下列用于停止定时器的方法是（　　）。

A. stopInterval();

B. clearInterval();

C. closeInterval();

（2）下列代码的运行结果是__________

```
var i = 0;
var a = setInterval(function() {
    i = i + 1;
    alert(i);
    clearInterval(a);
}, 10);
```

使用定时器写一个倒计时程序，在浏览器中显示从十秒倒数到零停止定时器，最后在警告框上显示： 该吃饭啦！

俄罗斯方块（七）

知识目标

- 键盘响应事件及其应用
- 键值码

项目目标

- 键盘控制方块左右移动

键盘控制方块移动

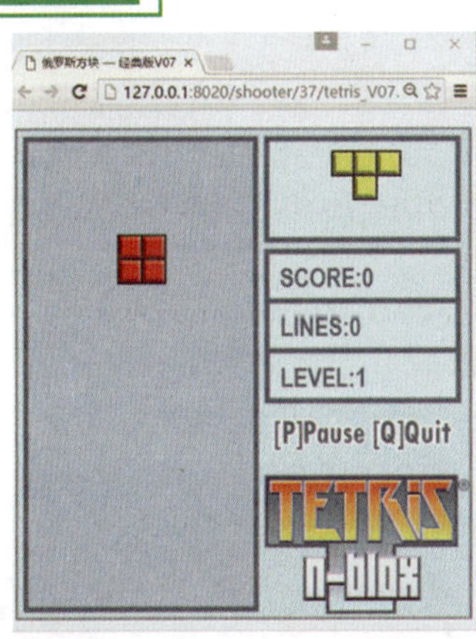

1. 键盘响应事件
2. 点击←，方块左移动
3. 点击→，方块右移动
4. 点击↓，方块加速下落

键盘响应事件

（1）onkeydown 用户按下键盘按键时触发的事件：

```
document.onkeydown = function(e) {
        // 当按键按下要做的事情
}
```

- 参数 e 为 event 对象，可以获取被按下按键的相关信息。

（2）键值码（使用键值码 keyCode 表示键盘上的按键）：

如：↑ 按键的键值码是 38，← 按键的键值码是 37，
→按键的键值码是 39，↓ 按键的键值码是 40，
S 按键的键值码是 83，Z 按键的键值码是 90。

键盘键值表

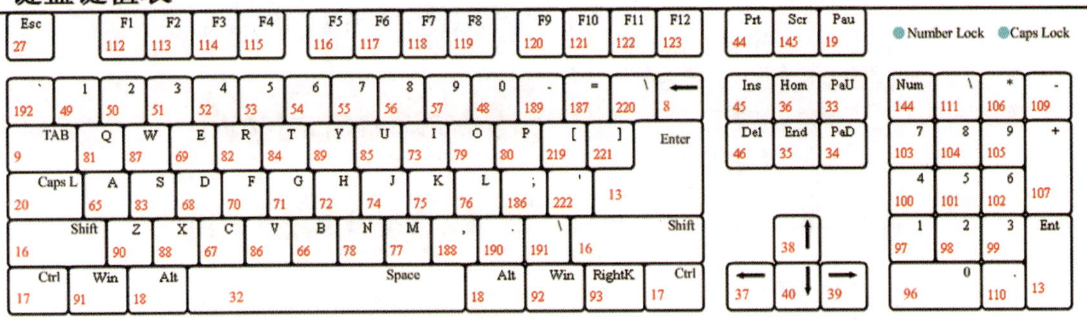

（3）按键计算器（当按下←， 实现加法运算；当按下↑，实现减法运算；当按下→，实现乘法运算；当按下↓，实现除法运算）：

```
var a = prompt(" 请输入第一个数字 ");
var b = prompt(" 请输入第二个数字 ");
document.onkeydown = function(e){
    if (e.keyCode == 37) {
        var r = a * 1+b * 1;
        alert("a + b =" + r);
    }else if (e.keyCode == 38){
        var r = a - b;
        alert("a - b =" + r);
    }else if (e.keyCode == 39){
        var r = a * b;
        alert("a * b =" + r);
    }else if (e.keyCode == 40){
        var r = a / b;
        alert("a ÷ b =" + r);
    }else{
        alert(" 按键错误 ");
    }
}
```

将判断按键的语句放入按键按下的事件中，用相应的键值来判断相应的按键，然后执行相应的操作。

键盘控制方块左右移动

我们需要如下步骤：

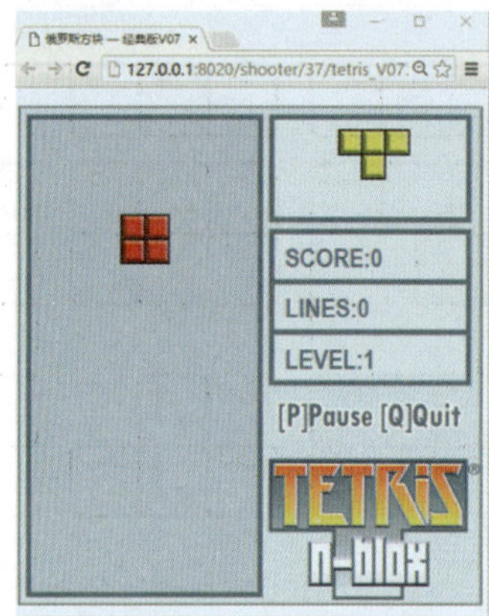

判断目标格内是否存在方块

方块左右移动

按下↓，方块加速下落

- 添加方法判断方块是否越界

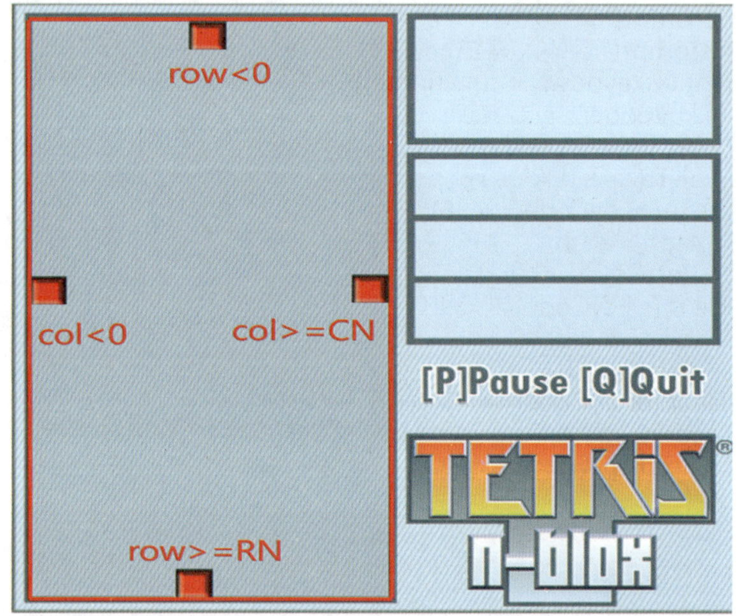

如上图所示，我们需要判断水平方向上是否越界，垂直方向是否越界。

（1）为 tetris 对象添加方法判断方块是否越界：

```
outOfBounds : function() {
    var cells = this.shape.cells;
    for (var i = 0; i < cells.length; i++) {
        if (cells[i].row < 0 || cells[i].row >=this.RN ||
            cells[i].col < 0 || cells[i].col >= this.CN) {
            return true;
        }
    }
    return false;
}
```

遍历方块对象数组，检查是否越界。

（2）添加方法判断目标格内是否存在方块：

```
var tetris = {
    ...
    concide : function() {
        var cells = this.shape.cells;
        for (var i = 0; i<cells.length; i++) {
            if (this.wall[cells[i].row][cells[i].col]) {
                return true;
            }
        }
        return false;
    }
}
```

（3）添加方法使方块左右移动：

① 添加单元格右移动的方法：

```
function Cell() {
    ......
    if (!Cell.prototype.moveRight) {
        Cell.prototype.moveRight = function() {
            this.col++;
        }
    }
}
```

② 添加单元格左移动的方法：

```
function Cell() {
    ......
    if (!Cell.prototype.moveLeft) {
        Cell.prototype.moveLeft = function() {
            this.col--;
        }
    }
}
```

③ 重写 Shape 构造方法（整个图形右移）：

```
function Shape() {
    ......
    if (!Shape.prototype.moveRight) {
        Shape.prototype.moveRight = function() {
            for (var i = 0; i < this.cells.length; i++) {
                this.cells[i].moveRight();
            }
        }
    }
}
```

④ 重写 Shape 构造方法（整个图形左移）：

```
function Shape() {
    ......
    if (!Shape.prototype.moveLeft) {
        Shape.prototype.moveLeft = function() {
            for (var i = 0; i < this.cells.length; i++) {
                this.cells[i].moveLeft();
            }
        }
    }
}
```

（4）为 tetris 对象添加 moveRight 方法：

```
var tetris = {
    ......
    moveRight : function() {
        this.shape.moveRight();
        if (this.outOfBounds() || this.concide()) {
            this.shape.moveLeft();
        }
    }
}
```

（5）为 tetris 对象添加 moveLeft 方法：

```
var tetris = {
    ......
    moveLeft : function() {
        this.shape.moveLeft();
        if (this.outOfBounds() || this.concide()) {
            this.shape.moveRight();
        }
    }
}
```

（6）添加 keydown 方法，实现按键控制：

```
var tetris = {
    ......
    keydown : function(e){
        switch(e.keyCode){
            case 37:this.moveLeft();
            break ;
            case 39:this.moveRight();
            break ;
            case 40:this.softDrop();
        }
    }
}
```

（7）调用 keydown 方法：

```
window.onload = function() {
    tetris.start();
    document.onkeydown = function(e) {
        tetris.keydown(e);
    }
}
```

打字机

键盘键值表

Esc 27	F1 112	F2 113	F3 114	F4 115	F5 116	F6 117	F7 118	F8 119	F9 120	F10 121	F11 122	F12 123	Prt 44	Scr 145	Pau 19

Number Lock　Caps Lock

` 192	1 49	2 50	3 51	4 52	5 53	6 54	7 55	8 56	9 57	0 48	- 189	= 187	\ 220	← 8	Ins 45	Hom 36	PaU 33	Num 144	\ 111	* 106	- 109
TAB 9	Q 81	W 87	E 69	R 82	T 84	Y 89	U 85	I 73	O 79	P 80	[219	] 221	Enter 13		Del 46	End 35	PaD 34	7 103	8 104	9 105	+ 107
Caps L 20	A 65	S 83	D 68	F 70	G 71	H 72	J 74	K 75	L 76	; 186	' 222							4 100	5 101	6 102	
Shift 16	Z 90	X 88	C 67	V 86	B 66	N 78	M 77	, 188	. 190	\ 191	Shift 16					↑ 38		1 97	2 98	3 99	Ent 13
Ctrl 17	Win 91	Alt 18	Space 32	Alt 18	Win 92	RightK 93	Ctrl 17								← 37	↓ 40	→ 39	0 96		. 110	

使用键盘在浏览器上实现一个打字的效果，在这里用到了键盘事件。

（1）使用键盘在浏览器上输出 lovely day：

```
setInterval(function() {
    document.onkeydown = function(e) {
        keydown(e);
    }
}, 1);
```

在定时器里检测键盘事件。

（2）添加 keydown 方法：

键盘键值表

```
function keydown(e) {
    switch(e.keyCode) {
        case 76:
            document.write("l");
            break;
        case 79:
            document.write("o");
            break;
        case 86:
            document.write("v");
            break;
        case 69:
            document.write("e");
            break;
        case 89:
            document.write("y");
            break;
    }
}
```

对不同的按键进行判断。

（1）下列属于用户按下键盘按键时触发的事件是（　　）。

A. onmousemove　　B. onmouseover　　C. onkeydown

（2）下列哪个属性用于获取键值码（　　）。

A. keyCode　　B. KeyCode　　C. keycode

（3）下列事件分别在什么情况下会被触发（　　）。

A. onmousemove　　B. onmouseover

C. onkeydown　　D. onmouseout

仿照图形左移、右移、下移，实现自创移动。

例如：图形向上移动

图形向左上方移动

图形向右上方移动

图形向左下方移动

图形向右下方移动

按键提示：

↑：38	a：65
q：81	s：83
w：87	d：68
e：69	x：88
z：90	c：67

俄罗斯方块（八）

知识目标

满格后消除行，分数和行数增加

满行消除

在游戏当中，一行满了之后该行就会被消除，同时分数和行数相应增加，我们接下来实现以下功能：

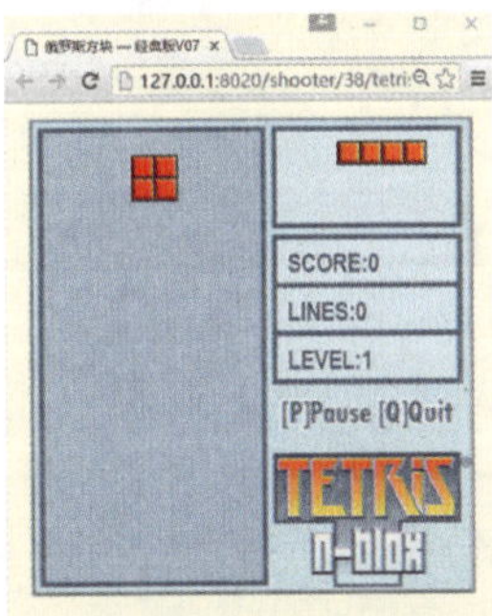

1. 只有 O 型和 I 型方块
2. 满一行则消除该行
3. 消除行之后分数增加
4. 消除行之后 LINES 消除行数增加
5. 一次消除一行得 10 分，一次消除两行得 50 分

（1）为方便测试删除行的功能，所以我们调一下代码让其只产生 O 型和 I 型方块：

```
var tetris = {
    ......
    randomShape:function(){
        switch(parseInt(Math.random()* 2)){        //随机产生整数 0、1
            case 0: return new O();
            case 1: return new I();
            case 2: return new T();
        }
    },
    ......
}
```

（2）判断是否满格：

判断某行得否满格

满格后删除本行，分数增加，消除行数增加

游戏继续

添加 fullCells 方法：

```
var tetris = {
    ......
    fullCells : function(row) {        // 小括号里是传入判断的行数
        var line = this.wall[row];    // 保存墙中某一行的方块
        for (var i = 0; i < line.length; i++) {
            var cell = line[i];
            if (cell == null) {        // 判断每一个 cell 是否为空
                return false;      // 有为空 cell 则返回 false，行未满
            }
        }
        return true;               // 全部不为空返回 true，行满
    }
}
```

（3）满行之后要将该行删除，同时将满行上面的所有行向下移动，即将上面的每一行替换下一行。

满格后删除行（添加 deleteRow 方法）：

```
var tetris = {
    ......
    deleteRow : function(row) {
        for (var i = row; i >= 1; i--) {
            for (var j = 0; j < this.CN; j++) {
                this.wall[i][j] = this.wall[i-1][j];
            }
        }
    }
}
```

分数和消除行数控制

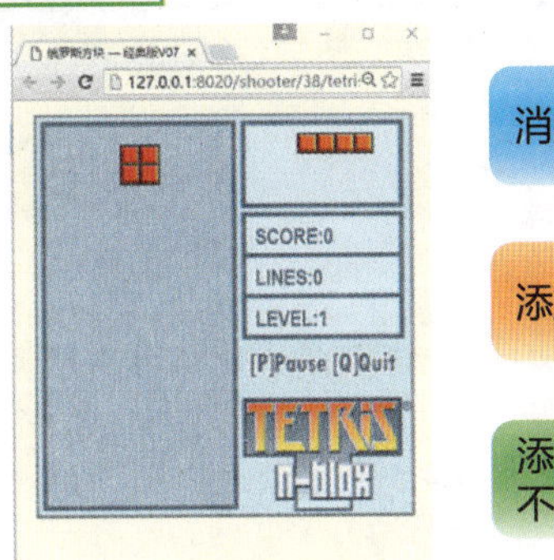

消除行之后分数增加

添加分数数组控制加分的不同

添加程序记录消除行数，根据不同行数加分

（1）消除行数（添加 destroyLines 方法）：

```
var tetris = {
    ......
    destroyLines : function() {
        var lines = 0;
        for (var row = 0; row < this.RN; row++) {
            if (this.fullCells(row)) {
                this.deleteRow(row);
                lines++;
            }
        }
        return lines;
    }
}
```

（2）添加 scores 属性（同时消除的行数不同则所得到的分数不同）：

```
var tetris = {
    ......
    scores:[0, 10, 50, 80, 200],
    ......
}
```

scores 数组中的每一个元素分别表示消除 0、1、2、3、4 行所得的分数。

什么时候满行呢？只有当方块落入墙中不再往下移动了，才要判断是否有满行。所以，我们需要重写 softDrop() 方法。具体代码如下：

（3）记录消除行数并加分：

```
var tetris = {
    ......
    softDrop : function() {
        this.paint();
        if (this.canDrop()) {
            this.shape.softDrop();
        } else  {
            this.landIntoWall();
            var lines = this.destroyLines();
            this.lines += lines;
            this.score += this.scores[lines];
            ......
        }
    },
    ......
}
```

- 由于消除行方法是有返回值的，并且返回要消除的行数。因此，声明变量 lines 接收消除行方法的返回值。
- 根据消除行数获取数组中的相应分数。

如何换位置

有很多同学认为交换位置很简单，将两个变量相互赋值即可。例如：

```
var a = 1;
var b = 2;
```

要将 a 和 b 两个变量的内容交换一下，这样写代码可以吗？

```
a = b;
b = a;
```

这样两句代码运行后，a 的值为 2，b 的值也为 2。因为在 a = b 的时候就将 a 的原来值给覆盖掉了。所以这种方法不能实现两个变量交换数值。

其实我们可以，先声明一个临时变量，将 a 的值先保存起来，然后再将 b 的值赋值给 a，最后再将保存在临时变量中 a 的值赋值给 b。这样就可以实现 a 和 b 两个变量的数值交换。

用程序交换两个变量的数值：

```
var a = 1;
var b = 2;
alert(" 交换前：a = " + a +", b = " + b);
var t = a;
a = b;
b = t;
alert(" 交换后：a = " + a + ", b = " + b);
```

声明一个中间变量 t 来实现数值交换。

如何用程序找到一组数的最大值呢？我们可以这样做：

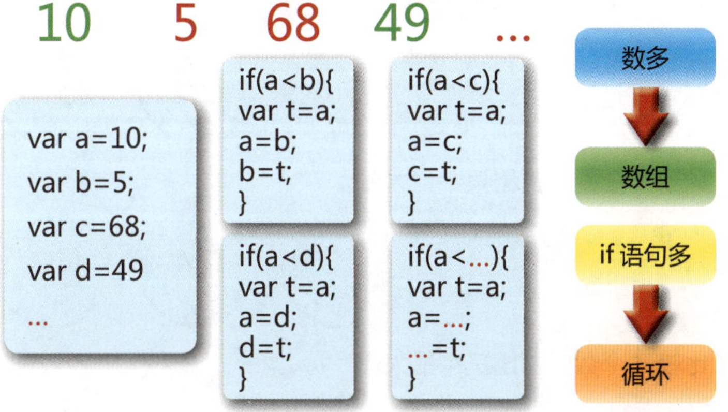

用数组和循环找到最大值：

```
var arr = [10, 5, 68, 49];
for(var i = 1; i < arr.length; i++) {
    if (arr[0] < arr[i]) {
        var t = arr[0];
        arr[0] = arr[i];
        arr[i] = t;
    }
}
alert(" 最大值为：" + arr[0]);
```

用冒泡法给数字排序

按从小到大的顺序排列下列数字：

89　50　84　20　57

第一轮．比较 5 个数，冒出其中最大值：

50　84　20　57　　　89

第二轮．比较 4 个数，冒出其中最大值：

50　20　57　　　84　89

第三轮．比较 3 个数，冒出其中最大值：

20　50　　　57　84　89

第四轮．比较 2 个数，冒出其中最大值：

20　　　50　57　84　89

冒泡排序其实就是使用双重 for 循环，外层循环控制比较的轮数，内层循环控制每轮需要比较的次数。

双重 for 循环		循环条件
冒泡轮数： 5 个数冒 4 轮	→	i=0;i<arr.length-1;i++
第一轮需要比较的次数： 第一轮：4 次 第二轮：3 次 第三轮：2 次 第四轮：1 次	→	j=0;j<arr.length-1-i;j++
冒出来的就不带他玩儿了	→	一轮冒出来一个 i 轮冒出来 i 个

用程序完成冒泡排序：

```
var arr = [89 ,50, 84, 20, 57];
  for (var i = 0 ; i < arr.length - 1 ; i++) {
      for (var j = 0 ; j < arr.length - 1 - i ; j++) {
          if (arr[j] > arr[j + 1]) {
              var t = arr[j];
              arr[j] = arr[j + 1];
              arr[j + 1] = t;
          }
      }
  }
alert(arr);
```

代码的运行结果如下：

（1）现有数组 a，若要交换数组中下标为 0 和 1 的元素的值，应该如何来实现呢？

```
var a = [5, 9, 7, 10, 3];
```

____

（2）实现下图结果，红框处应填写的是：

```
for(var i = 1; i <= 10; i++){
    for(var j = 1; j <= □ ; j++){
        document.write(" ❤ ");
    }
    document.write("<br/>");
}
```

使用冒泡排序法从小到大排列下列数字。

99, 58, 109, 36, 100

课后心得

俄罗斯方块（九）

项目目标

控制游戏状态

控制游戏状态

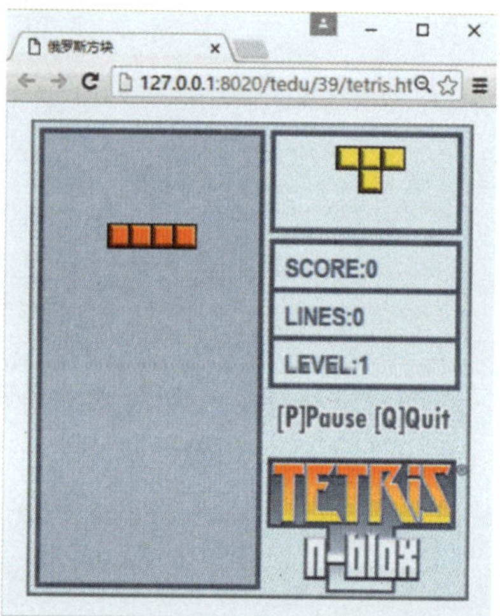

按下 P 键游戏暂停

按下 C 键游戏继续

按下 Q 键游戏结束

按下 S 键重新开始游戏

封装游戏结束代码（添加 gameOver 方法）：

```
var tetris = {
    ......
    gameOver : function() {
        this.state = this.STATE_OVER;
        clearInterval(this.timer);
        this.timer = null;
        this.paint();
    }
}
```

把游戏结束代码封装到 gameOver 里，通过调用 gameOver 来执行游戏结束的代码。

调用 gameOver 方法：

```
softDrop : function() {
    if (this.state == this.STATE_RUNNING) {
        this.paint();
        if (this.canDrop()) {
            this.shape.softDrop();
        } else {
            ......
        }
        if (this.isGameOver()) {
            this.gameOver();
        } else {
            ......
        }
    }
}
```

用 if 语句判断键盘的按键，如果按的是结束按键（Q），那就执行 gameOver 里面的代码。

控制游戏暂停

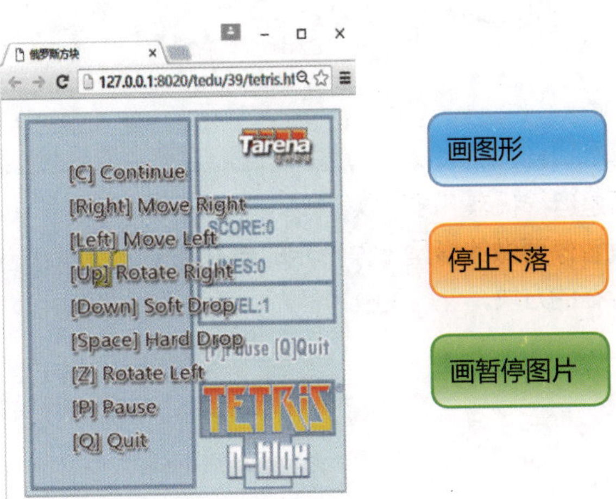

画图形

停止下落

画暂停图片

控制游戏暂停（添加暂停图片）：

```
var tetris = {
    ......
    paintState : function() {
        var img = new Image();
        switch(this.state) {
            case this.STATE_OVER :
                img.src = this.IMG_OVER;
                break;
            case this.STATE_PAUSE :
                img.src = this.IMG_PAUSE;
                break;
        }
        this.pg.appendChild(img);
    },
}
```

游戏状态为暂停时将图片路径更改为暂停图片。

控制游戏暂停（添加暂停方法）：

```
var tetris = {
    ......
    pause : function() {
        if (this.state == this.STATE_RUNNING) {
            clearInterval(this.timer);
            this.timer = null;
            this.state = this.STATE_PAUSE;
            this.paint();
        }
    }
}
```

- 判断是运行状态下才可以暂停。
- 游戏暂停要做的事是：停止定时器并清空，游戏状态更改为暂停，画暂停图片和已存在的方块。

游戏继续

从暂停状态下切换到正常状态，首先需要判断是不是在暂停状态下，如果是，再执行切换动作。

添加 myContinue 方法：

```
var tetris = {
    ......
    myContinue : function() {
        if (this.state == this.STATE_PAUSE) {
            this.state = this.STATE_RUNNING;
            this.timer = setInterval(function() {
                tetris.softDrop();
            }, this.interval);
        }
    }
}
```

- 先判断是暂停状态下时才会执行游戏继续要做的事情。

- 游戏继续，要把游戏状态更改为 STATE_RUNNING，重启定时器。

完善键盘控制游戏状态

键盘键值表

键	键值	键	键值	键	键值	键	键值
Esc	27	F2	113	F3	114	F4	115
F5	116	F6	117	F7	118	F10	121
F11	122	F12	123	Prt	44	Scr	145
Pau	19	`	192	3	51	4	52
5	53	6	54	7	55	8	56
=	187	\	220	← (Backspace)	8	Q	81
W	87	E	69	R	82	T	84
Y	89	U	85	I	73	O	79
P	80	[	219	]	221	Enter	13
A	65	S	83	D	68	F	70
G	71	H	72	J	74	K	75
L	76	;	186	'	222	Shift	16
Z	90	X	88	C	67	V	86
B	66	N	78	M	77	,	188
.	190	/	191	Ctrl	17	Win	91
Alt	18	Win（右）	92	RightK	93	Ins	45
Hom	36	PaU	33	Del	46	End	35
PaD	34	↑	38	←	37	↓	40
→	39	Num	144	\ (小键盘)	111	*	106
- (小键盘)	109	7 (小键盘)	103	8 (小键盘)	104	9 (小键盘)	105
+	107	4 (小键盘)	100	5 (小键盘)	101	6 (小键盘)	102
1 (小键盘)	97	2 (小键盘)	98	3 (小键盘)	99	Ent	13
0 (小键盘)	96	. (小键盘)	110				

Number Lock　Caps Lock

结束游戏（Q）　游戏暂停（P）　开始游戏（S）　游戏继续（C）

用键盘的键值来检测相应的按键是否被按下。

（1）按键控制暂停，游戏继续、结束游戏：

```
var tetris = {
    keydown : function(e) {
        switch(e.keyCode) {
            case 80 :                    // 按下 P 键游戏暂停
                this.pause();
                break;
            case 67 :                    // 按下 C 键游戏继续
                this.myContinue();
                break;
            case 81 :                    // 按下 Q 键游戏结束
                this.gameOver();
                break;
            ......
        }
    },
}
```

（2）按下 S 键重新开始游戏：

```
var tetris = {
    ......
    keydown : function(e) {
        switch(e.keyCode) {
            ......
            case 83 :
                if (this.state == this.STATE_OVER) {
                    this.state = this.STATE_RUNNING;
                    this.start();
                }
                break;
        }
    },
    ......
}
```

重置分数与消除行数

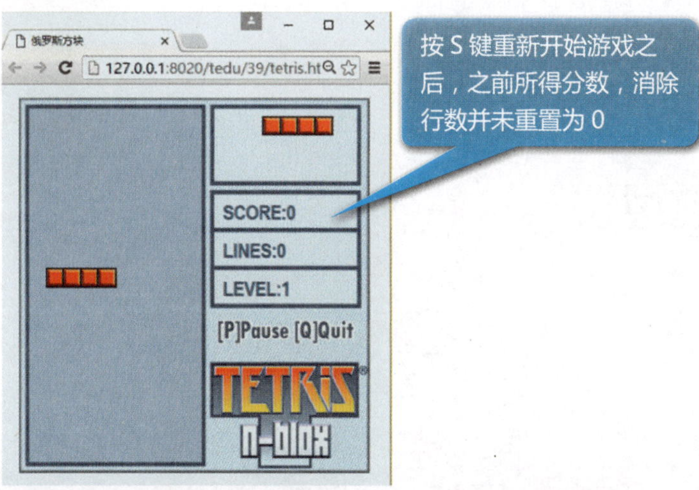

需要添加重置分数与消除行数的代码。

重置分数与消除行数：

```
var tetris = {
    ......
    keydown : function(e) {
        switch(e.keyCode) {
            ......
            case 83 :
                if (this.state == this.STATE_OVER){
                    this.state = this.STATE_RUNNING;
                    this.lines = 0;
                    this.score = 0;
                    this.start();
                }
                break;
        }
    },
    ......
}
```

添加多种方块图形

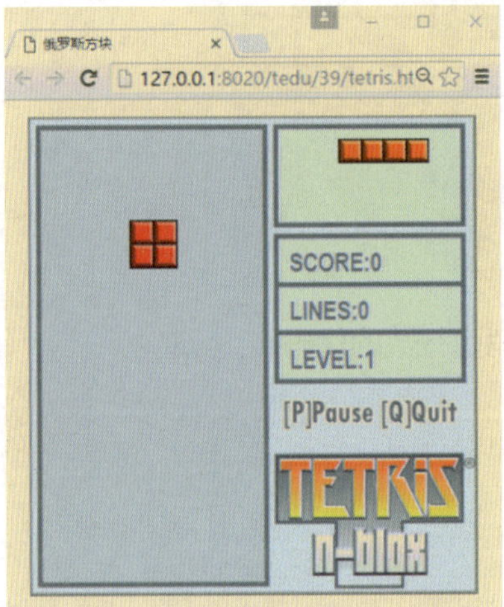

怎么实现添加多种图形呢？

S 型图形

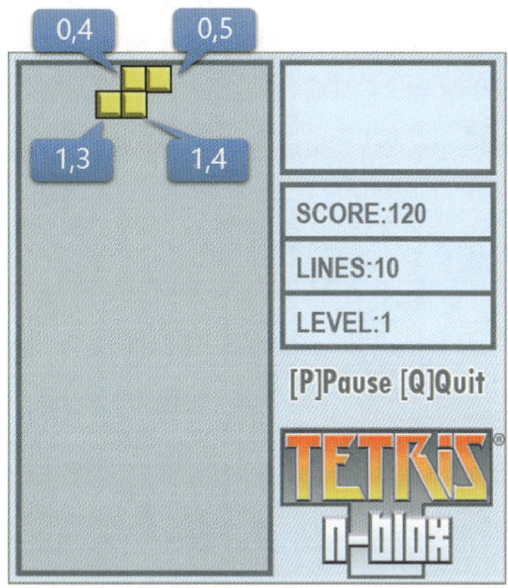

这是 S 型图形的四个方格的位置关系。

S 型图形构造方法：

```
function S() {
    Object.setPrototypeOf(S.prototype, new Shape());
    var img = tetris.IMGS.S;
    this.cells = [
        new Cell(0, 4, img),
        new Cell(0, 5, img),
        new Cell(1, 3, img),
        new Cell(1, 4, img)
    ];
}
```

Z 型图形

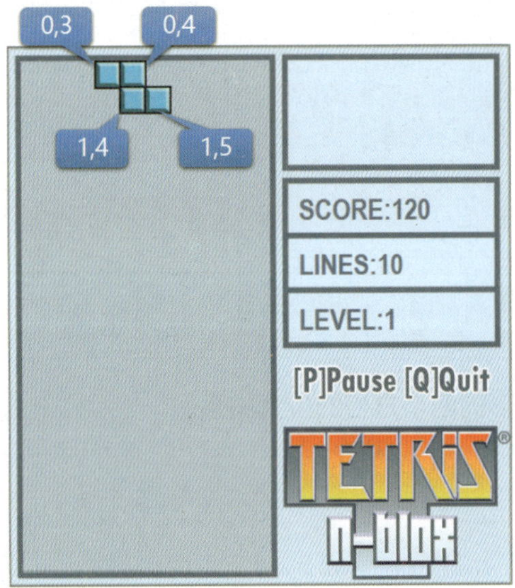

这是 Z 型图形的四个方格的位置关系。

Z 型图形构造方法：

```
function Z() {
    Object.setPrototypeOf(Z.prototype, new Shape());
    var img = tetris.IMGS.Z;
    this.cells = [
        new Cell(0, 3, img),
        new Cell(0, 4, img),
        new Cell(1, 4, img),
        new Cell(1, 5, img)
    ];
}
```

L 型图形

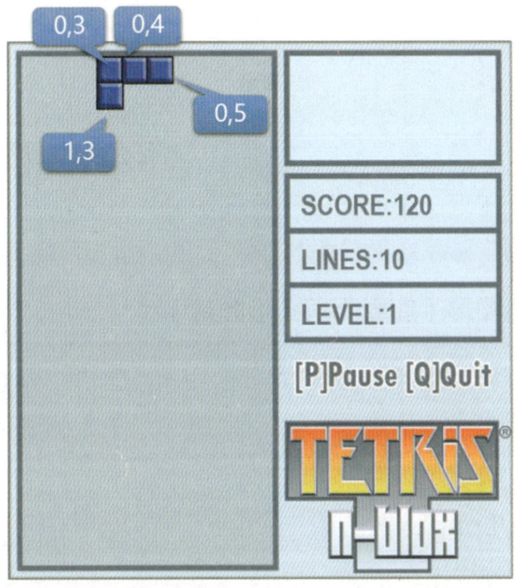

这是 L 型图形的四个方格的位置关系。

L 型图形构造方法：

```
function L() {
    Object.setPrototypeOf(L.prototype, new Shape());
    var img = tetris.IMGS.L;
    this.cells = [
        new Cell(0, 3, img),
        new Cell(0, 4, img),
        new Cell(0, 5, img),
        new Cell(1, 3, img)
    ];
}
```

随机产生所有图形

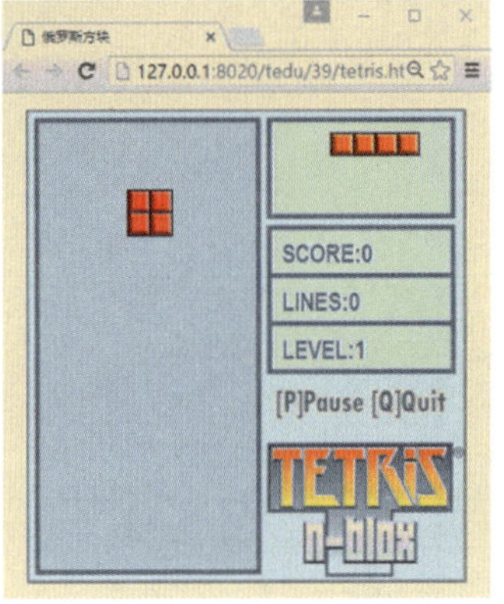

加载所有图片

随机创建图形对象

（1）随机产生所有图形（加载所有图形图片）：

```
var tetris = {
    ......
    IMGS : {
        O : 'img/O.png',
        I : 'img/I.png',
        T : 'img/T.png',
        S : 'img/S.png',
        Z : 'img/Z.png',
        L : 'img/L.png'
    },
    ......
}
```

（2）随机创建图形对象：

```
var tetris = {
    ......
    randomShape : function() {
        switch(parseInt(Math.random() * 6) {
            case 0:  return new O();
            case 1:  return new I();
            case 2:  return new T();
            case 3:  return new S();
            case 4:  return new Z();
            case 5:  return new L();
        }
    },
    ......
}
```

随机数为 0 ~ 5 之间的整数。

飞机大赛：

在画布上画一架中型飞机，一架小型敌机，使用按键控制飞机向下移动，最后先到达终点者胜利。我们需要两个按键，并且同时检测两个按键的状态，按键被触发就让飞机移动，直到超出界线为止，否则继续画所需要的图片。

（1）设定初始坐标：

```
var x1 = 300;
var y1 = 0;
var x2 = 150;
var y2 = 0;
```

（2）创建按下↓下移方法：

```
function keydown1(e) {
    switch(e.keyCode) {
        case 40:
            y1 = y1+10;
    }
}
```

（3）创建按下 S 键下移方法：

```
function keydown2(e) {
    switch(e.keyCode) {
        case 83:
            y2 = y2+10;
    }
}
```

（4）调用按键下移方法：

```
var s = setInterval(function() {
    document.onkeydown = function(e) {
        keydown1(e);
        keydown2(e);
    }
}, 10);
```

（5）判断飞机胜利条件：

```
var s = setInterval(function() {
    if (y1 > 560) {
        ctx.fillStyle = "red";
        ctx.font = "60px 华文琥珀 ";
        ctx.fillText(" 小飞机 win!", 60, 200);
        clearInterval(s);
    } else if (y2 > 560) {
        ctx.fillStyle = "red";
        ctx.font = "60px 华文琥珀 ";
        ctx.fillText(" 中飞机 win!", 60, 200);
        clearInterval(s);
    } else {
        ctx.drawImage(bg, 0, 0);
        ctx.fillStyle = "red";
        ctx.font = "60px 华文琥珀 ";
        ctx.fillText("-------------", 0, 590);
        ctx.drawImage(enemy1, x1, y1);
        ctx.drawImage(enemy2, x2, y2);
    }
}, 10);
```

（1）若要创建如下图所示的 J 图形，横线处应填写的代码是：

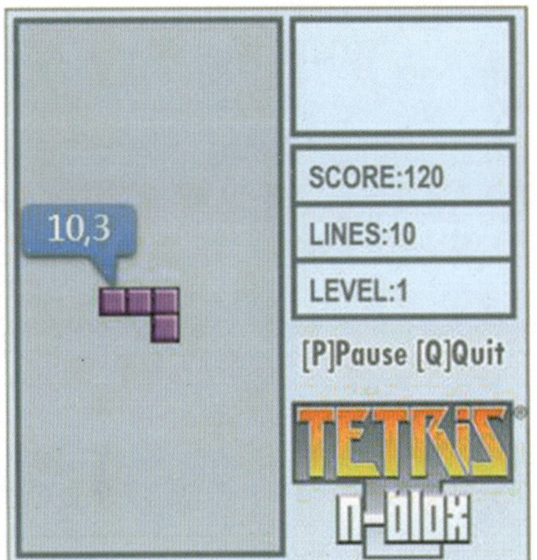


```
function J() {
    Object.setPrototypeOf(J.prototype, new Shape());
    var img = tetris.IMGS.J;
    this.cells = [
        new Cell(10, 3, img),
        ________________
        ________________
        ________________
    ];
}
```

（2）在俄罗斯方块游戏中，按 P 键之后，游戏状态发生变化，下列选项正确的是（　　）。

```
pause : function() {
    if (this.state == this.STATE_RUNNING) {
        clearInterval(this.timer);
        this.timer = null;
        this.state = this.STATE_PAUSE;
        this.paint();
    }
},
```

```
keydown : function(e) {
    switch(e.keyCode) {
        case 80 :
            this.pause();
            break;
    }
},
```

A. STATE_PAUSE ➡ STATE_RUNNING

B. STATE_RUNNING ➡ STATE_PAUSE

添加 J 型图形

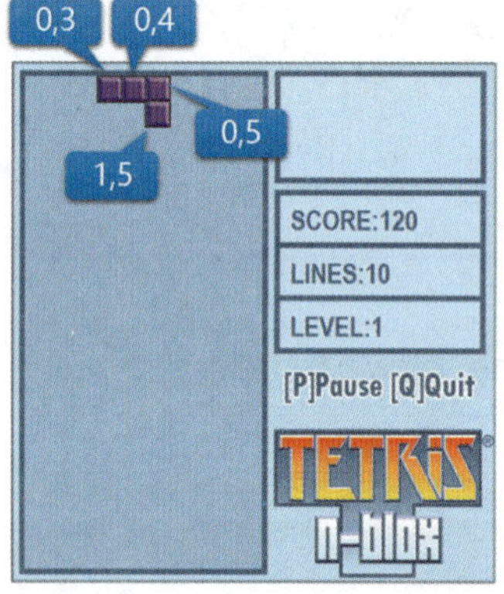

创建 J 图形构造方法

加载 J 图形图片

修改 randomShape 方法

俄罗斯方块（十）

知识目标

控制方块旋转

在俄罗斯方块游戏中，图形是可以旋转的，旋转方向为逆时针或顺时针。

重构所有图形的构造方法，添加旋转状态

（1）创建 State 构造方法表示每一种图形的一种旋转状态：

```
function State(row0, col0, row1, col1, row2, col2, row3, col3) {
    this.row0 = row0;
    this.col0 = col0;
    this.row1 = row1;
    this.col1 = col1;
    this.row2 = row2;
    this.col2 = col2;
    this.row3 = row3;
    this.col3 = col3;
}
```

- 各属性表示四个方块旋转后 row、col 相对于轴点的变化。

（2）抽取子类共有的属性：

```
function Shape(img, orgi) {
    this.img = img;
    this.orgi = orgi;
    this.statei = 0;
    this.states = [];
    ......
}
```

- 参数 img 表示要画的方格图片，orgi 表示以图形的哪个方格为旋转点。
- statei 属性表示旋转后的图形状态。
- states 数组存储所有旋转的可能。

O 型图形

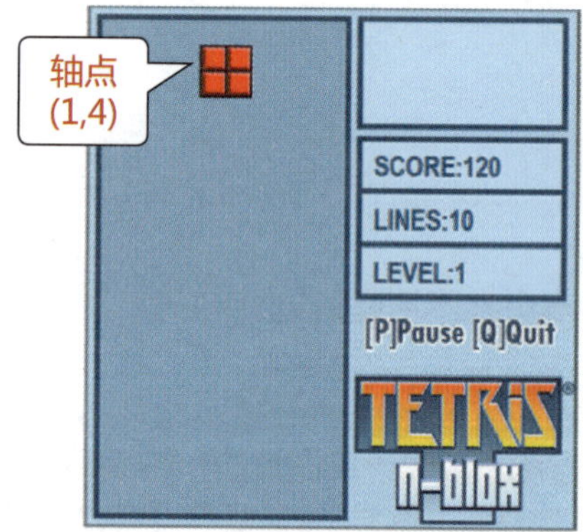

O 型图形的轴点为（1,4）。因 O 型图形只有一种情况，不能旋转。

重构 O 型图形的构造方法：

```
function O() {
    Shape.call(this, tetris.IMGS.O, 0);
    Object.setPrototypeOf(O.prototype, new Shape());
    this.cells = [new Cell(0, 4, this.img), new Cell(0, 5,this.img),
                 new Cell(1, 4, this.img), new Cell(1, 5, this.img)];
}
```

- O 型图形继承父类构造方法 Shape。
- O 型图形并没有旋转可能，所以没有对继承的 states 数组赋值。

I 型图形

第一种情况：

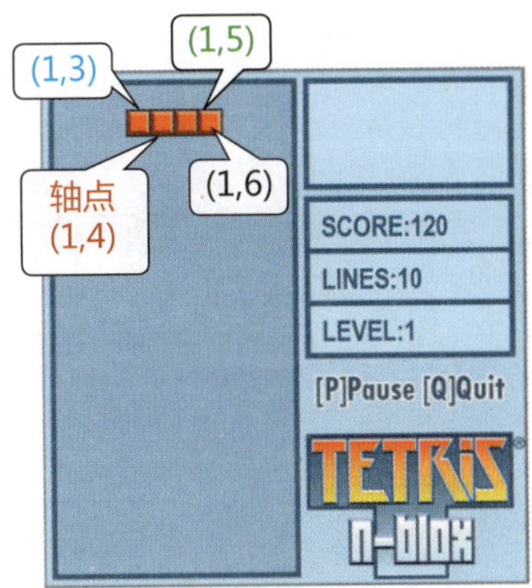

I 型图形的轴点为（1,4）。

所有方块相对于轴点的位置：（0,-1）（0,0）（0,1）（0,2）。

第二种情况：

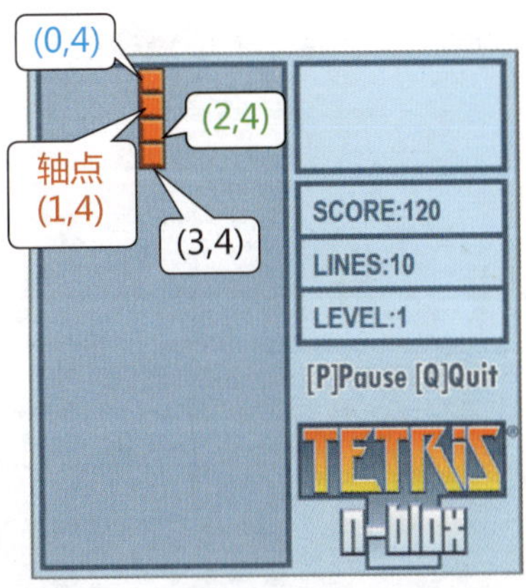

所有方块相对于轴点的位置：（-1,0）（0,0）（1,0）（2,0）。

重构 I 型图形构造方法：

```
function I() {
    Shape.call(this, tetris.IMGS.I, 1);
    Object.setPrototypeOf(I.prototype, new Shape());
    this.cells = [new Cell(0, 3, this.img), new Cell(0, 4, this.img),
                  new Cell(0, 5, this.img), new Cell(0, 6, this.img)];
    this.states[0] = new State(0, -1, 0, 0, 0, 1, 0, 2);
    this.states[1] = new State(-1, 0, 0, 0, 1, 0, 2, 0);
}
```

给 states 数组赋值，分别是两种状态下的 I 型图形。

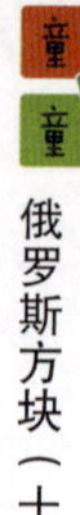

T 型图形

第一种情况：

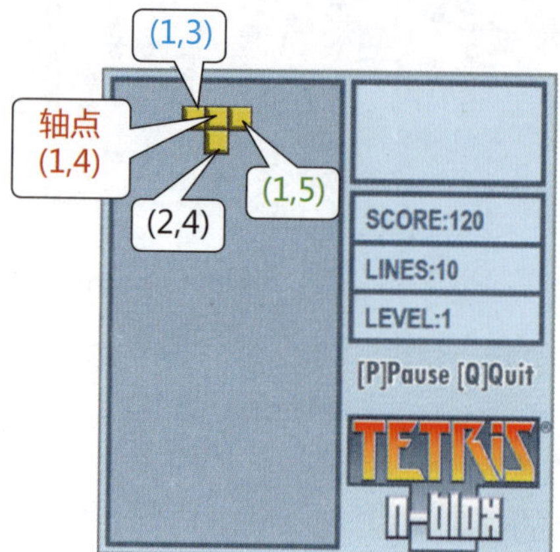

T 型图形的轴点为（1,4）。

所有方块相对于轴点的位置：（0,-1）（0,0）（0,1）（1,0）。

第二种情况：

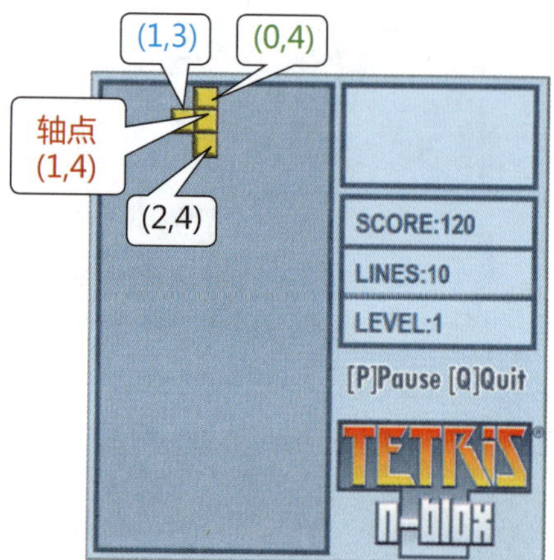

所有方块相对于轴点的位置：（-1,0）（0,0）（1,0）（0,-1）。

第三种情况：

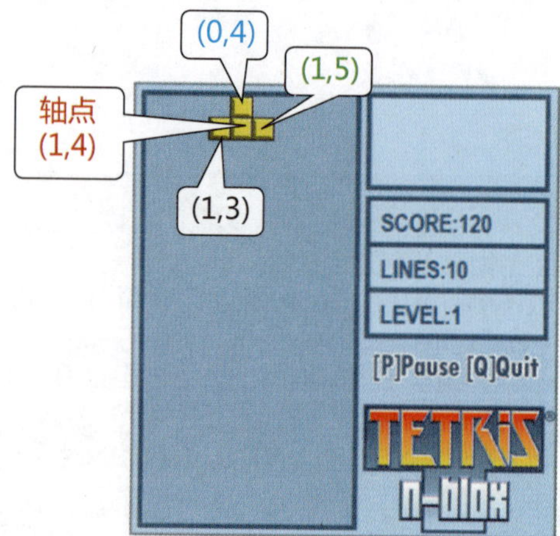

所有方块相对于轴点的位置：（0,1）（0,0）（0,-1）（-1,0）。

第四种情况：

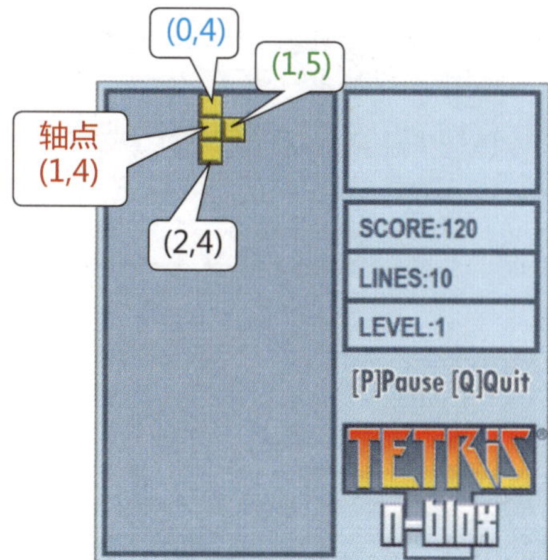

所有方块相对于轴点的位置：（1,0）（0,0）（-1,0）（0,1）。

重构 T 型图形构造方法：

```
function T() {
    Shape.call(this, tetris.IMGS.T, 1);
    Object.setPrototypeOf(T.prototype, new Shape());
    this.cells = [new Cell(0, 3, this.img),new Cell(0, 4, this.img) ,
                  new Cell(0, 5, this.img), new Cell(1, 4, this.img)];
    this.states[0] = new State(0, -1, 0, 0, 0, 1, 1, 0);
    this.states[1] = new State(-1, 0, 0, 0, 1, 0, 0, -1);
    this.states[2] = new State(0, 1, 0, 0, 0, -1, -1, 0);
    this.states[3] = new State(1, 0, 0, 0, -1, 0, 0, 1);
}
```

S 型图形

第一种情况：

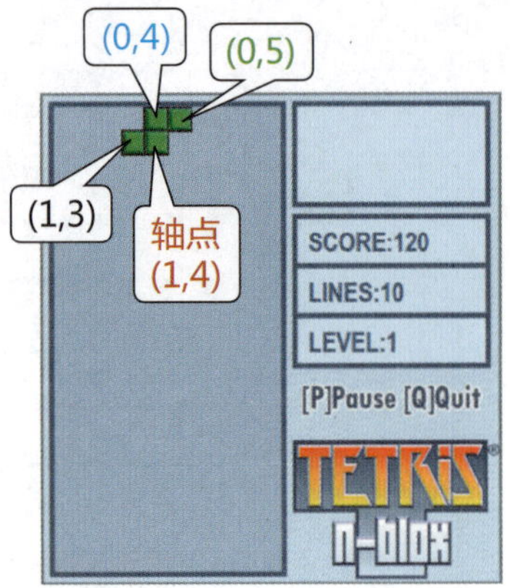

S 型图形的轴点为（1,4）。

所有方块相对于轴点的位置：（-1,0）（-1,1）（0,-1）（0,0）。

第二种情况：

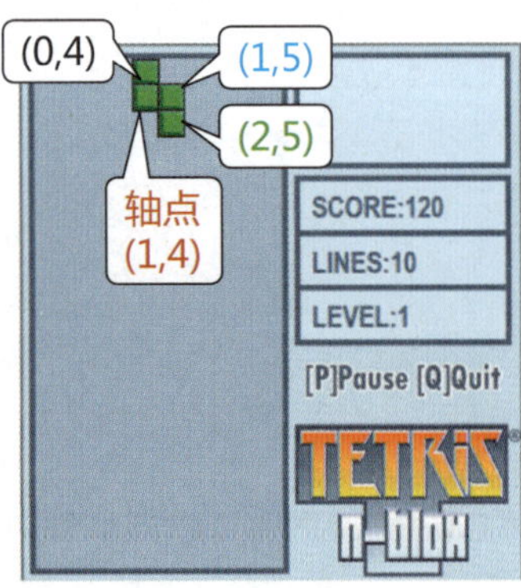

所有方块相对于轴点的位置：（0,1）（1,1）（-1,0）（0,0）。

重构 S 型图形的构造方法：

```
function S() {
    Shape.call(this, tetris.IMGS.S, 3);
    Object.setPrototypeOf(S.prototype, new Shape());
    this.cells = [new Cell(0, 4, this.img), new Cell(0, 5, this.img),
                  new Cell(1, 3, this.img), new Cell(1, 4, this.img)];
    this.states[0] = new State(-1, 0, -1, 1, 0, -1, 0, 0);
    this.states[1] = new State(0, 1, 1, 1, -1, 0, 0, 0);
}
```

Z 型图形

第一种情况：

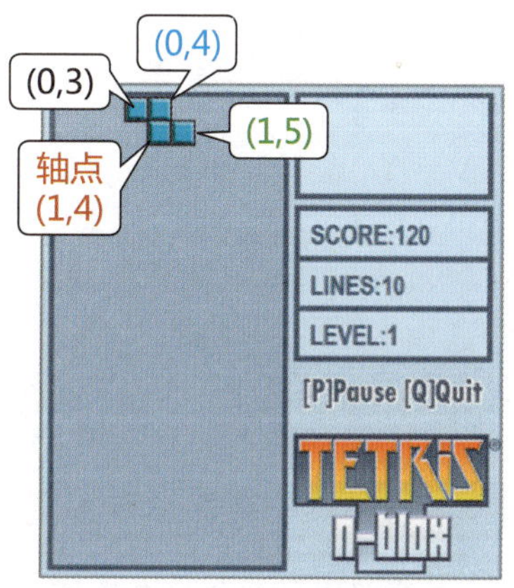

Z 型图形的轴点为（1,4）。

所有方块相对于轴点的位置：（-1,-1）（-1,0）（0,0）（0,1）。

第二种情况：

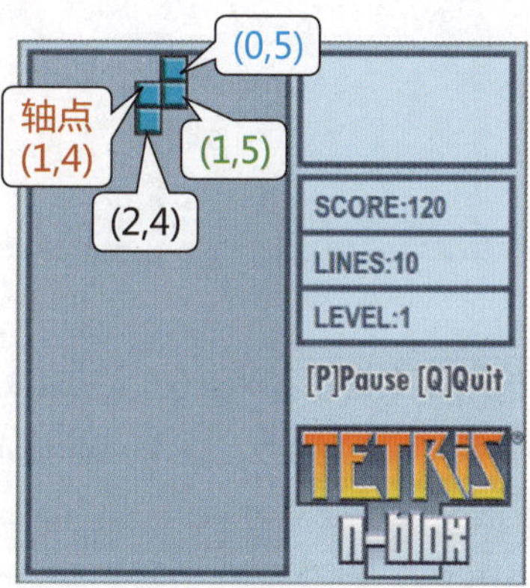

所有方块相对于轴点的位置：（-1,1）（0,1）（0,0）（1,0）。

重构 Z 型图形构造方法：

```
function Z() {
    Shape.call(this, tetris.IMGS.Z, 2);
    Object.setPrototypeOf(Z.prototype, new Shape());
    this.cells = [new Cell(0, 3, this.img), new Cell(0, 4, this.img),
                  new Cell(1, 4, this.img), new Cell(1, 5, this.img)];
    this.states[0] = new State(-1, -1, -1, 0, 0, 0, 0, 1);
    this.states[1] = new State(-1, 1, 0, 1, 0, 0, 1, 0);
}
```

L 型图形

第一种情况：

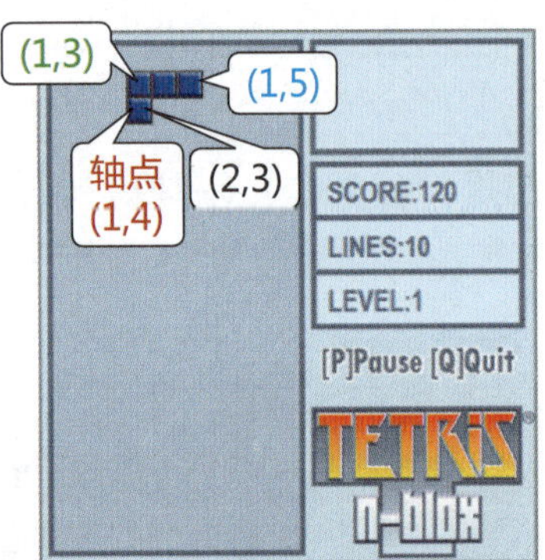

L 型图形的轴点为（1,4）。

所有方块相对于轴点的位置：（0,-1）（0,0）（0,1）（1,-1）。

第二种情况：

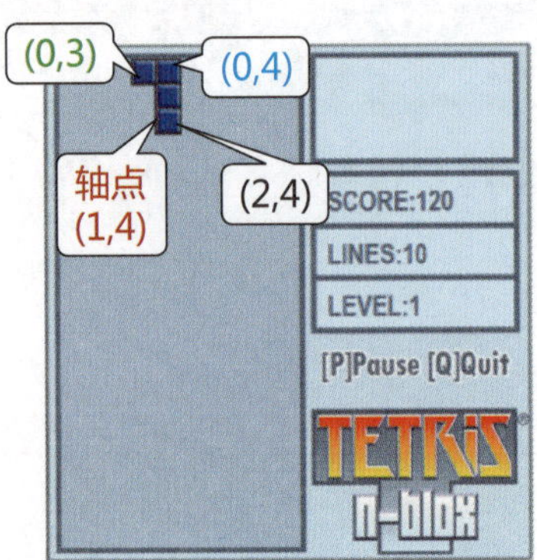

所有方块相对于轴点的位置：（-1,0）（0,0）（1,0）（-1,-1）。

第三种情况：

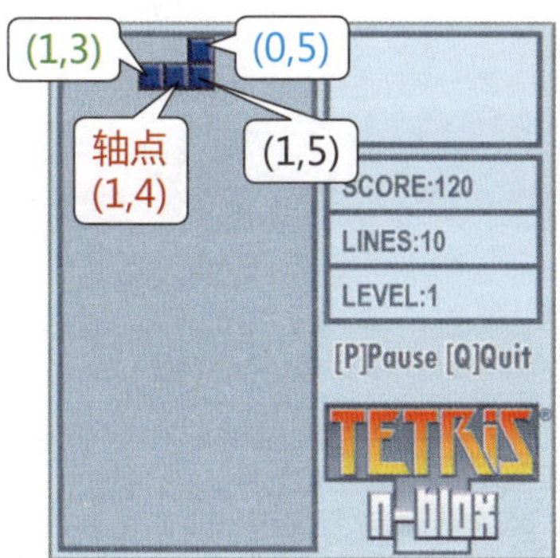

所有方块相对于轴点的位置：（0,1）（0,0）（0,-1）（-1,1）。

第四种情况：

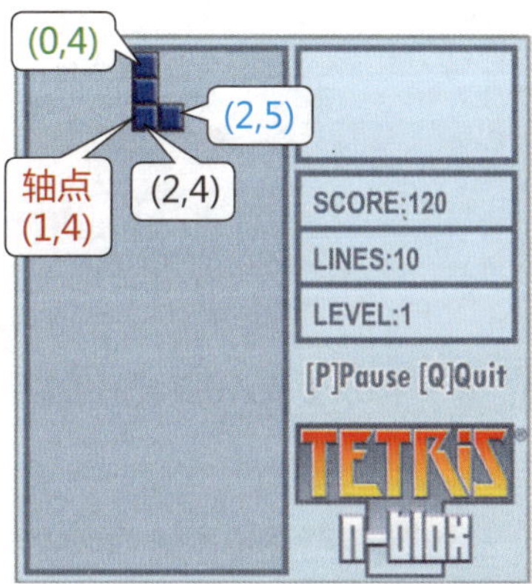

所有方块相对于轴点的位置：（1,0）（0,0）（-1,0）（1,1）。

重构 L 型图形构造方法：

```
function L() {
    Shape.call(this, tetris.IMGS.L, 1);
    Object.setPrototypeOf(L.prototype, new Shape());
    this.cells = [new Cell(0, 3, this.img), new Cell(0, 4, this.img),
                  new Cell(0, 5, this.img), new Cell(1, 3, this.img)];
    this.states[0] = new State(0, -1, 0, 0, 0, 1, 1, -1);
    this.states[1] = new State(-1, 0, 0, 0, 1, 0, -1, -1);
    this.states[2] = new State(0, 1, 0, 0, 0, -1, -1, 1);
    this.states[3] = new State(1, 0, 0, 0, -1, 0, 1, 1);
}
```

J 型图形

第一种情况：

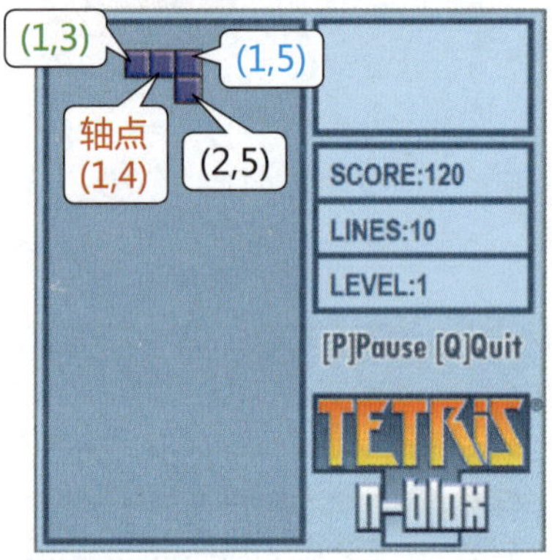

L 型图形的轴点为（1,4）。

所有方块相对于轴点的位置：（0,-1）（0,0）（0,1）（1,1）。

第二种情况：

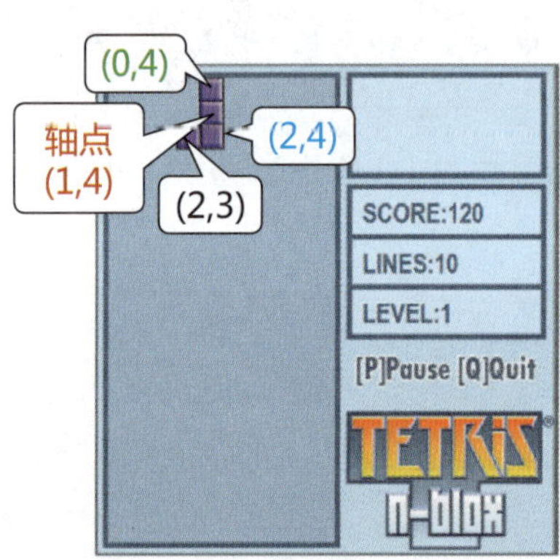

所有方块相对于轴点的位置：（-1,0）（0,0）（1,0）（1,-1）。

第三种情况：

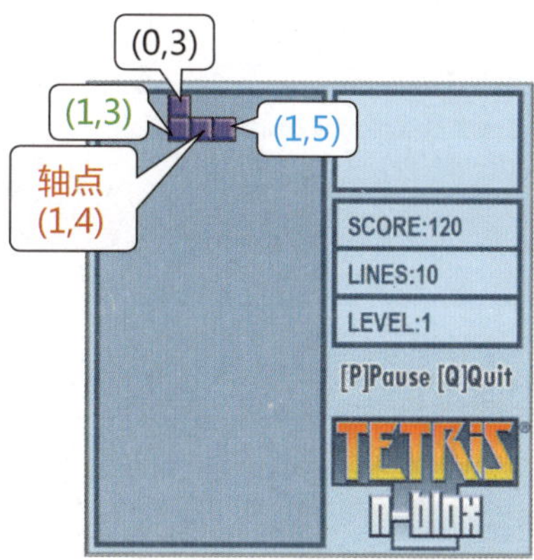

所有方块相对于轴点的位置：（0,1）（0,0）（0,-1）（-1,-1）。

第四种情况：

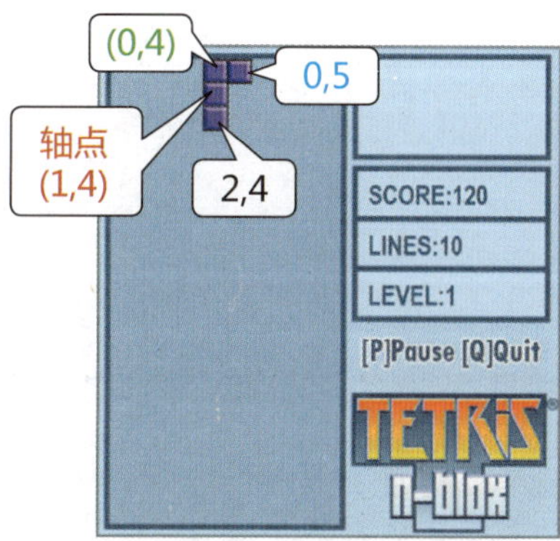

所有方块相对于轴点的位置：（1,0）（0,0）（-1,0）（-1,1）。

重构 J 型图形构造方法：

```
function J() {
	Shape.call(this, tetris.IMGS.J, 1);
	Object.setPrototypeOf(J.prototype, new Shape());
	this.cells = [new Cell(0, 3, this.img), new Cell(0, 4, this.img),
	              new Cell(0, 5, this.img), new Cell(1, 5, this.img)];
	this.states[0] = new State(0, -1, 0, 0, 0, 1, 1, 1);
	this.states[1] = new State(-1, 0, 0, 0, 1, 0, 1, -1);
	this.states[2] = new State(0, 1, 0, 0, 0, -1, -1, -1);
	this.states[3] = new State(1, 0, 0, 0, -1, 0, -1, 1);
}
```

之前我们讲过当判断条件是否成立，若成立执行某种情况，不成立执行另一种情况。可以利用 if-else 语句来实现。有一种更为简单的运算符也可以实现相同的功能就是：三目运算符。

三目运算符：

判断内容？判断为真要做的事情：判断为假要做的事情。

```
var a = prompt(" 请输入 a 的值：");
var b = prompt(" 请输入 b 的值：");
a > b ? alert("a 大于 b") : alert("b 大于 a");
```

如果输入 a 的值为 20，输入 b 的值为 30，那么上述代码的执行结果是：弹出警告框显示 b>a。

图形旋转

图形向右旋转：

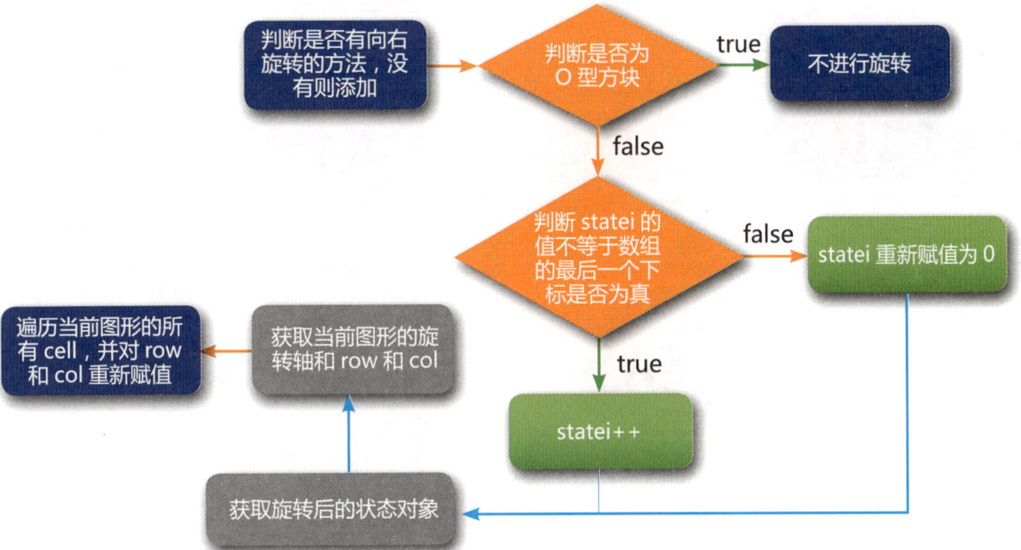

```
function Shape(img, orgi) {
    ......
    if (!Shape.prototype.rotateR) {
        Shape.prototype.rotateR = function() {
            if (Object.getPrototypeOf(this) != O.prototype) {                      ①
                this.statei != this.states.length - 1 ? this.statei++ : this.statei = 0;  ②
                var state = this.states[this.statei];
                var r = this.cells[this.orgi].row;                                  ③
                var c = this.cells[this.orgi].col;                                  ④
                for (var i = 0; i < this.cells.length; i++) {                       ⑤
                    this.cells[i].row = r + state["row" + i];
                    this.cells[i].col = c + state["col" + i];
                }
            }
        }
    }
}
```

① 首先判断是否有右旋转方法，然后再判断是否为 O 型方块，如果不是则进行旋转。

② 判断 statei 的值是否为数组的最后一个元素的下标。

③ 获取当前图形旋转轴的行。

④ 获取当前图形旋转轴的列。

⑤ 遍历当前图形的所有 cell，并对 row 和 col 重新赋值。

图形向左旋转：

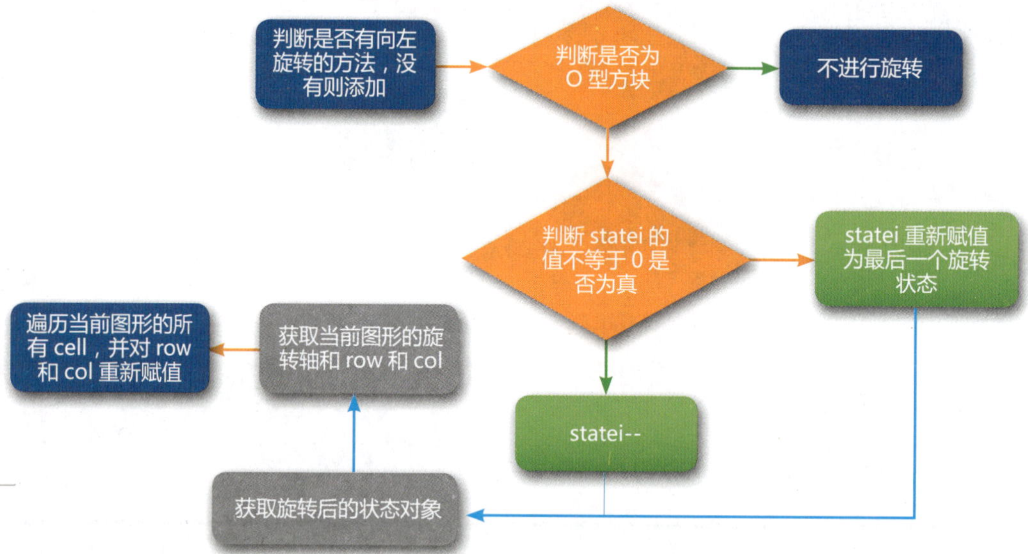


```
function Shape(img, orgi) {
    ......
    if (!Shape.prototype.rotateL) {
        Shape.prototype.rotateL = function() {
            if (Object.getPrototypeOf(this) != O.prototype) {
                this.statei != 0 ? this.statei-- : this.statei = this.states.length - 1;
                var state = this.states[this.statei];
                var r = this.cells[this.orgi].row;
                var c = this.cells[this.orgi].col;
                for (var i = 0; i < this.cells.length; i++) {
                    this.cells[i].row = r + state["row" + i];
                    this.cells[i].col = c + state["col" + i];
                }
            }
        }
    }
}
```

（1）tetris 中定义右旋转的方法：

```
var tetris = {
    ......
    rotateR : function() {
        if (this.state == this.STATE_RUNNING) {
            this.shape.rotateR();
            if (this.outOfBounds() || this.concide()) {
                this.shape.rotateL();
            }
        }
    },
    ......
}
```

只有在运行状态下才能旋转。

如果旋转越界或者旋转后的位置有方块则左旋转。

（2）tetris 中定义左旋转的方法：

```
var tetris = {
    ......
    rotateL : function() {
        if (this.state == this.STATE_RUNNING) {
            this.shape.rotateL();
            if (this.outOfBounds() || this.concide()) {
                this.shape.rotateR();
            }
        }
    },
    ......
}
```

（3）按键控制图形旋转：

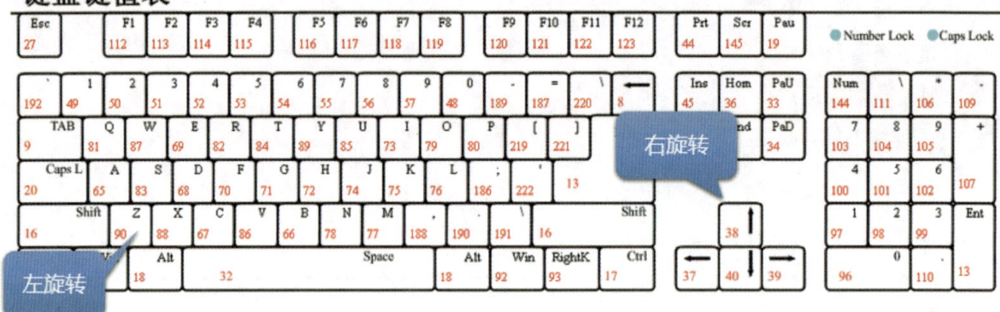

我们规定按上键图形向右旋转，上键的键值为 38，按 Z 键图形向左旋转，Z 键的键值为 90。具体代码如下：

```
var tetris = {
    ......
    keydown : function(e) {
        switch(e.keyCode) {
            case 38 :
                this.rotateR();
                break;
            case 90 :
                this.rotateL();
                reak;
        }
    },
    ......
}
```

（1）下列代码的运行结果正确的是（   ）

```
var a = 10;
var b = 8;
a <= b ? a = 11 : b = 9;
alert("a 的值是 " + a + "," + "b 的值是 " + b);
```

JavaScript 提醒	JavaScript 提醒
a的值是10，b的值是9	a的值是11，b的值是8
确定	确定
A	B

（2）如下 I 图形的旋转有几种情况？请补全下列代码：

```
function Shape ( img, orgi ) {
      this.img = img;
      this.orgi = orgi;
      this.statei = 0;
      this.states = [];
       ......
}
function I(){
      Shape.call(this, tetris.IMGS.I, 1);
      Object.setPrototypeOf(I.prototype, new Shape());
      this.cells = [new Cell(0, 3, this.img), new Cell(0, 4, this.img),
                     new Cell(0, 5, this.img), new Cell(0, 6, this.img)];
      this.states[0] = new State(0, -1, 0, 0, 0, 1, 0, 2);
       ____________________________;
}
```

答案解析

俄罗斯方块（一）

（1）[答案]B

[解析]<div> 标签为网页进行分区。

（2）[答案] ②、③、④、①

[解析]

<!DOCTYPE html> 声明网页为 HTML5 规范，<html> 里包含的都是 html 网页内容，<meta> 设置网页字符编码，<title> 设置网页标题。

（3）[答案]B

[解析]

<title> 标签是用来设置网页台头的，也就是网页的名字，这里的文字是显示在浏览器标题栏里的，不能显示在网页的页面上。

（4）[答案]B

[解析]

p 标记是段落标记，<span> 标记属于行内标签，行属于段落内部的结构，所以 <span> 标记可以为 p 标记增加额外的结构。

[解析]

```
<!DOCTYPE html>
<html>
    <head>
        <meta charset = "UTF-8" />
        <title> 我是一个网页 </title>
    </head>
    <body>
        <p>
            《乐游原》<br/>
             <span> 李商隐 </span>
         </p>
         <p> 向晚意不适，</p>
         <p> 驱车登古原。</p>
         <p> 夕阳无限好，</p>
         <p> 只是近黄昏。</p>
    </body>
</html>
```

俄罗斯方块（二）

（1）[答案]B

[解析]

常量必须用 const 关键字来声明，而且一般习惯常量名的每个字母都大写。WEIGHT 是常量。正确选项为 B。

（2）[答案]B

[解析]

常量命名习惯将每个字母都大写，但同时也要遵循变量的命名规则，中间不能包含空格，而且不能以数字开头。正确选项为 B。

（3）[答案]A

[解析]

B 选项，在给对象的属性赋值时用冒号而不是用等号赋值。

C 选项，对象的属性之间用逗号分割，而不是用分号分割。

（4）[答案]A

[解析]

B 选项，该方法的作用是向该节点列表的子节点末尾添加节点。

C 选项，该方法返回拥有指定 id 的第一个对象。

（5）[答案]A

[解析]

B 选项，该语句是创建一个名为 window 的方法。

C 选项， 语句的格式不正确， 应该是 window 调用 onload 方法。

[解析]

要实现显示 S 型图案，设置 S 型图案每个小方块的位置（0,4）、（0,5）、（1,3）、（1,4）。具体代码如下：

（1）添加 S 方块的图片，代码如下：

```
var tetris = {
    RN : 20,
    CN : 10,
    CELL_SIZE : 26,
    IMGS:{   S:"img/S.png"   },
    OFFSET_X : 15,
    OFFSET_Y : 15,
    shape : null,
    pg : null
}
```

（2）创建一个 S 型的构造方法，代码如下：

```
function S() {
    var img = tetris.IMGS.S;
    this.cells = [
        new Cell(0, 4, img), new Cell(0, 5, img),
        new Cell(1, 3, img), new Cell(1, 4, img)
    ];
}
```

（3）创建开始方法，代码如下：

```
start:function() {
    this.pg = $('.playground')[0];
    this.shape = new S();
    this.paintShape();
}
```

俄罗斯方块（三）

（1）[答案]A

[解析]JavaScript 脚本语言应该写在后缀名为 .js 的文件中。

（2）[答案]D

[解析]

因为构造方法实例的对象都需要访问对象原型，所以只要在原型中创建此方法，那这个方法只需创建一次就可以被实例对象访问到。

（3）[答案]C

[解析]

我们让构造方法中的原型对象指向父对象的原型，达到修改构造方法原型继承父对象的目的。

（4）[答案]B

[解析]

首先获取 0 ~ 6 之间的数字，然后把这些数字转换成整数。

（5）[答案]A

[解析]

这里采用相对路径，因为 tetris_V03.html 没有在 js 文件夹中，所以路径中要有 js。

（1）让 I 型方块继承下落方法：

```
function I() {
    .....
    Object.setPrototypeOf(I.prototype, new Shape());
    this.cells = [
        new Cell(0, 3, this.img), new Cell(0, 4, this.img),
        new Cell(0, 5, this.img), new Cell(0, 6, this.img)
    ];
}
```

（2）让 T 型方块继承下落方法：

```
function T() {
    ......
    Object.setPrototypeOf(T.prototype, new Shape());
    this.cells = [
        new Cell(0, 3, this.img), new Cell(0, 4, this.img),
        new Cell(0, 5, this.img), new Cell(1, 4, this.img)
    ];
}
```

俄罗斯方块（四）

（1）[答案]A

[解析]

修改 id = "p" 的标签里的内容，需要使用 document.getElementById() 的方法得到 id = "p" 的标签，小括号里是标签的 id 值，然后使用 innerHTML 这个属性获得该标签里的内容并重新赋值为新的内容即可。所以正确选项为 A。

B 选项，id 值不是 p。

C 选项，innerHTML 中的 HTML 要大写。

（2）[答案]

\s ：匹配任何不可见字符，包括空格、制表符、换页符等。

? ： 匹配前面的子表达式零次或一次。

\d：匹配一个数字字符。

. ：匹配任何字符。

* ：匹配任意次前面的子表达式。

（3）[答案]

① 需要替换的匹配内容　② 替换后的内容

座机号码有区号之分，以北京为例，区号为 010，使用正则表达式验证座机号码，

代码如下：（不同地区的学生可以以自己所在的区号编写代码）

```
var reg = /(010)?\d{8}$/;
while (!reg.test(prompt(" 输入座机号码 "))) {
    alert(" 您输入的不是座机号码，请重新输入 ");
}
alert(" 验证通过 !");
```

俄罗斯方块（五）

（1）[答案]A

[解析] 无论数组的元素是否为数组，元素之间都要用逗号分隔。

（2）[答案]B

[解析]

B 选项在创建数组时并没有向数组里进行赋值，而是创建好后进行的赋值运算，所以 B 选项是正确的。

（3）[答案]game[1][0]

[解析]

NBA2K17 在 game 数组的第二个元素中，所以第一个下标为 [1]，而第二个元素也是一个数组，NBA2K17 在这个数组的第一个元素的位置上，所以第二个下标为 [0]，格式为：game[1][0]。

（4）[答案]B

[解析]

二维数组的正确书写格式为：元素之间要用逗号分隔，并且数组元素要用 [] 括起来。

（5）[答案]student[1][1]

[解析]

“麻子”在 student 数组的第二个元素中，所以第一个下标为 [1]，而第二个元素也是一个数组，“麻子”在这个数组的第二个元素的位置上，所以第二个元素下标也为 [1]，格式为：student[1][1]。

（6）[答案]A. 定时器要做的事

B. 时间间隔

[解析]

定时器有两个参数，第一个参数是一个匿名函数，用来存放定时器要做的事情，第二个参数为定时器运行时的时间间隔，单位是毫秒。

[解析]

```
var lesson = [[" 星期一 ", " 语文 ", " 数学 ", " 英语 ", " 体育 "],
              [" 星期二 ", " 数学 ", " 音乐 ", " 英语 ", " 思品 "],
              [" 星期三 ", " 英语 ", " 科学 ", " 电脑 ", " 体育 "],
              [" 星期四 ", " 历史 ", " 科学 ", " 生物 ", " 语文 "],
              [" 星期五 ", " 体育 ", " 电脑 ", " 音乐 ", " 美术 "]];
for (var i = 0; i < 5; i++) {
    for (var j = 0; j < 5; j++) {
        document.write (lesson[i][j] + " ");
    }
    document.write ("<br/>");
}
```

俄罗斯方块（六）

（1）[答案]B

[解析] 停止定时器的方法为：clearInterval()。

（2）[答案] 在警告框显示 1

[解析]

i 的初始值为 0，进入定时器 a 之后，在自身的基础上增加 1，此时 i 的值为 1，在警告框上显示 1。执行 clearInterval(a) 之后，终止定时器 a。也就不会执行定时器的内容了。

[解析] 实现要求代码如下：

```
var i = 10 ;
var time = setInterval(function() {
        document.write(i + "<br/>");
         i = i - 1;
            if (i < 0) {
                alert(" 该吃饭了 ");
                clearInterval(time);
            }
}, 1000);
```

俄罗斯方块（七）

（1）[答案]C

[解析]

onkeydown 是在键盘按下时触发的事 件，onmousemove 是鼠标移动时触发的事件，onmouseover 是在鼠标进入时触发的事件。

（2）[答案]A

[解析] 获取键值码属性的正确书写格式 keyCode。

（3）[答案]A. onmousemove 当鼠标移动时

B. onmouseover 当鼠标移入某个对象时

C. onkeydown 当键盘按键被按下时

D. onmouseout 当鼠标移出某个对象时

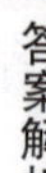

```
var x = 0;
var y = 0;
setInterval(function() {
    ctx.drawImage(bg, 0, 0);
    ctx.drawImage(nut1, x, y);
    document.onkeydown = function(e) {
        keydown(e);
    }
}, 10);
```

```
function keydown(e) {
    switch(e.keyCode) {
        case 38:
            y -= 5;
            break;
        case 81:
            x -= 3;
            y -= 3;
            break;
        case 69:
            x += 3;
            y -= 3;
            break;
        case 65:
            x -= 3;
            y += 3;
            break;
        case 68:
            x += 3;
            y += 3;
    }
}
```

俄罗斯方块（八）

（1）[答案]var t = 0;

```
t = a[0];
a[0] = a[1];
a[1] = t;
```

（2）[答案]10

[解析]

由代码和运行效果可知，外层循环控制行数，内层循环控制每行有几个桃心。我们从显示结果中可以看出每行有 10 个桃心，所以变量 j 从 1 到 10 即可，红框中应填写的数字为 10。

[解析] 实现要求代码如下：

```
var arr = [99, 58, 109, 36, 100];
for (var i = 0; i < arr.length - 1; i++) {
    for (var j = 0; j < arr.length - 1 - i; j++) {
        if(arr[j] > arr[j + 1]){
            var t = arr[j];
            arr[j] = arr[j + 1];
            arr[j + 1] = t;
        }
    }
}
alert(arr);
```

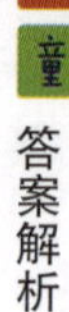

俄罗斯方块（九）

（1）[答案]new Cell (10, 4, img)，
new Cell (10, 5, img)，
new Cell (11, 5, img)

[解析]

根据已有方块的位置 (10, 3)，得出另外 3 个位置组成 J 型图案，位置分别为 (10, 4)、(10, 5)、(11, 5)。

（2）[答案]B

[解析]

代码首先检测了是否为运行状态 this.state == this.STATE_RUNNING，然后通过 P 键切换到暂停状态 this.pause()，所以 B 选项正确。

[解析]

创建 J 图形构造方法：

```
function J() {
    Object.setPrototypeOf(J.prototype, new Shape());
    var img = tetris.IMGS.J;
    this.cells = [
        new Cell(0, 3, img),
        new Cell(0, 4, img),
        new Cell(0, 5, img),
        new Cell(1, 5, img)
    ];
}
```

加载 J 图形图片

```
var tetris = {
    ......
    IMGS : {
        O: 'img/O.png',
         I : 'img/I.png',
        T : 'img/T.png',
        S : 'img/S.png',
        Z : 'img/Z.png',
        L : 'img/L.png',
        J : 'img/J.png'
    },
     ......
}
```

修改 randomShape 方法：

```
var tetris = {
    ......
    randomShape : function() {
        switch(parseInt(Math.random() * 7) {
            case 0:  return new O();
            case 1:  return new I();
            case 2:  return new T();
            case 3:  return new S();
            case 4:  return new Z();
            case 5:  return new L();
            case 6:  return new J();
        }
    }
}
```

俄罗斯方块（十）

（1）[答案]A

[解析]

变量 a 的值为 10，变量 b 的值为 8，判断条件 a <= b 为假，所以执行冒号后的内容 :b = 9，所以， 变量 b 被重新赋值为 9。而 a 的值不变，仍为 10。即选项 A 是正确的。

（2）[答案]this.states[1] = new State(-1, 0, 0, 0, 1, 0, 2, 0);

[解析]

I 型图形另一种情况所有方块相对于轴点的位置为（-1,0）（0,0）（1,0）（2,0）。

[解析]

这个题目同学们可以根据自己的想法进行创新。比如可以设置游戏的等级 level 值，等级越高方块的下落速度越快。

反侵权盗版声明